Mensch, lern das und frag nicht!

wie unsere Kinder für die Zukunft vorbereitet werden

Hauke Arach

Anderwelt Verlag

Impressum

Mensch, lern das und frag nicht!
wie unsere Kinder für die Zukunft vorbereitet werden

© 2023 Hauke Arach
Umschlaggestaltung: Milena Arach
3. Auflage

Druckerei: CPI Books GmbH, Deutschland

Anderwelt Verlag, München

ISBN: 978-3-940321-38-1

Inhaltsverzeichnis

Einleitung

Ende des achtzehnten Jahrhunderts veränderten zwei Ereignisse das europäische politische Denken, die Amerikanische und die Französische Revolution. Dem Absolutismus, gestützt auf die Religion und das Gottesgnadentum, trat in Nordamerika und Europa die Demokratie mit der Volkssouveränität entgegen.

Im 19. Jahrhundert beherrschten europäische Mächte die Welt, Afrika wurde in Kolonien verwandelt, ebenso Südasien mit Indien, Indochina und Indonesien, selbst die Küste Chinas unterstand der europäischen Gewalt. Europa fühlte sich seitdem dem *Rest der Welt*, ein herrlich anmaßender Begriff angesichts seiner marginalen Ausdehnung auf dem Globus, in jeder Hinsicht überlegen: technisch sowieso, aber auch wirtschaftlich, wissenschaftlich und intellektuell. Unsere Form des Kapitalismus war effektiv und sicherte unseren Machtanspruch materiell ab. Der Erfolg gab Europa recht.

Wir erheben den Anspruch, Demokratie, Freiheit und Menschenrechte nach westlichem Verständnis seien universale Werte und gälten für alle Menschen, deshalb müssten wir sie auf der ganzen Welt verbreiten. Wir nennen es die westliche Wertegemeinschaft.

Die Sache hat aber einen Haken. Das Eigentum ist sehr ungleich in Europa verteilt, und in den USA noch viel mehr. In unserer westlichen Kultur ist der Erwerbssinn tief verankert, in der Reformation wurde er sogar religiös begründet. Wer besitzt, strebt nach mehr, die Folge ist eine stetig wachsende Konzentration des Kapitals. Wer Kapital hat, hat Macht. Mit dieser Macht verteidigt der Reiche seinen Reichtum gegen die Vielzahl der Nichtbesitzenden. Das widerspricht den Idealen der Französischen Revolution von Freiheit, Gleichheit, Brüderlichkeit. Die Besitzenden stehen vor der Frage, wie sie ihr Eigentum schützen und mehren könnten, ohne sich gegen die Ideale der Aufklärung stellen zu müssen. Schon die Vordenker der amerikanischen Unabhängigkeitserklärung standen vor diesem Problem. Die Lösung war eine Form der Demokratie, die den Schutz des Eigentums als urdemokratisch definierte.

Sprache erzeugt Gefühle, Begriffe steuern das Denken. Die USA definierten sich als repräsentative Demokratie. Die Begründung überzeugte: ein großer Flächenstaat könne nur repräsentativ regiert werden. Damit war der Widerspruch zwischen den Begriffen der Repräsentation und der Demokratie vom Tisch, obwohl es sich bei Lichte betrachtet um ein Oxymoron handelt, ein Widerspruch in sich wie schwarzer Schimmel und eckiger Kreis. Wer in einer repräsentativen Demokratie seine Stimme abgegeben hat, hat für die folgende Wahlperiode kein Mitentscheidungsrecht mehr. Die wirklich Mächtigen müssen jetzt nur noch den verschwindend kleinen Kreis der Repräsentanten unter ihre Kontrolle bringen. Geld und Macht sind da sehr hilfreich. Wie dann die gesamte Herde gesteuert werden kann, damit sie nichts merkt und zustimmend folgt, dazu entwickelten kluge Köpfe in den 20er Jahren in den USA wirkmächtige Konzepte. Wir nennen es Demokratiemanagement. So wird gesteuert, was die Menschen denken sollen. Das geht heute über Presse und Zeitungen, aber auch über die Bildung in Schulen und Hochschulen. Wer die Schulbücher kontrolliert, kontrolliert die Wahrnehmung der Welt der kommenden Generation.

Im ersten Kapitel wird deshalb das Demokratiemanagement kurz umrissen, bevor wir uns dem Thema zuwenden, wie das auf der Ebene der Bildung umgesetzt wird: an konkreten Beispielen in Schulbüchern zur Biologie, Erdkunde, Geschichte und Politik. Das Thema Schulbuch scheint auf den ersten Blick Orchideencharakter zu haben. Es zielt aber in das Herz unseres politischen Verständnisses und entscheidet über die Zukunft.

Der politische Kontext

Ein Rechenbuch der 30er Jahre stellte folgende Aufgaben:

> *„Horst ist am Geburtstag des Führers Pimpf geworden. Seine Mutter kauft ihm eine Hose zu 4,45 RM, ein Braunhemd zu 2,75 RM; Halstuch und Knoten kosten 0,90 RM, Schulterriemen und Koppel 3,10 RM. a) Stelle eine Rechnung auf! b) Was fehlt ihm noch?"*

> *„Ein Bomber hat eine Stundengeschwindigkeit von 240 km. Er fliegt um 8⁰⁰ Uhr von der Grenze über Köln nach deinem Heimatort. Wann kann dein Elternhaus schon in Flammen stehen?".*[1]

Die unmittelbare Einstimmung auf Gleichschritt und Krieg wirken auf uns heute dreist und plump.

Ein Lehrbuch der Zoologie von 1890 listet im Kapitel „Der Mensch und die Menschenrassen" vier Rassen, die *kaukasische oder weiße Rasse*, die *mongolische oder gelbe Rasse*, die *äthiopische, schwarze oder Negerrasse* und viertens die *amerikanische oder rote Rasse*. Zur schwarzen Rasse heißt es:

> *„mit flachem oder schmalem Gesichte, hervortretenden Kiefern, in welchen die Schneidezähne schräg nach vorn stehen, mit wülstigen Lippen, schwarzer Hautfarbe und schwarzem, kurzem und wolligem Haar. Gesichtswinkel 70-75°. Verbreitungsbezirk: Mittel- und Südafrika und Neuguinea. Temperament: Sanguiniker, nur dem Augenblick lebend und ohne Sorgen für die Zukunft."*[2]

Der Gesichtswinkel schiebt die *schwarze Rasse* in eine Zwischenstufe zwischen Mensch und Affe. (Die kaukasische Rasse hat 80-90°, die mongolische 75-80°, bei der amerikanischen ist kein Gesichtswinkel angegeben.) Das geht auf Johann Caspar Lavater (1741-1801) zurück, der mit Goethe korrespondierte und die Lehre der Physiognomik entwickelte. Auch ohne Kenntnis des Erscheinungsdatums gehört nicht viel Phantasie dazu, den Text dem rassistischen Kontext der Kolonialzeit zuzuweisen. Die Juden spielen noch keine Rolle, die Rasseforscher

---

[1] NN, Rote Erde, Halle/Saale (Schroedel) o.J. (nach 1938) S. 55 und S.64

[2] C.Baenitz, Lehrbuch der Zoologie in populärer Darstellung, Bielefeld/Leipzig (Velhagen/Klasing) 1890, S.264f.

der 20er und 30er Jahre konzentrierten sich auf die Kopfformen (Lang- und Kurzschädel), aber nicht mehr auf den Gesichtswinkel.

Wer sich mit Schulbüchern über die Zeiten und Länder hinweg beschäftigt, merkt sehr bald, dass die staatlich kontrollierten Schulen in allen Ländern über alle Zeiten hinweg immer dieselbe Aufgabe zu erfüllen haben: Sie sollen die Jugend formen für die Stabilisierung des jeweiligen Gesellschafts-, Eigentums- und Ökonomiemodells, den Nachwuchs heranziehen für Verwaltung, Wirtschaft, Wissenschaft, Militär und Kirche.

Konstantin Schreibers Buch „Die Kinder des Koran" zeigt das dezidiert für die arabische Welt.[3] Sein Resümee betont das Einschwören auf den Islam, das rückschrittliche Frauenbild, die Präsenz des Antisemitismus. Sein Resümee: *„Für mich folgt daraus, dass die jeweiligen Schulbücher auf unheilvolle Art die jeweils problematischen gesellschaftlichen Tendenzen verstärken, die es in den einzelnen Ländern bereits gibt: in Ägypten und der Türkei den Nationalismus, in Palästina den Hass auf Israel, in Afghanistan die extrem konservative islamische Gesellschaftsordnung. In diesem Sinne dienen die Bücher nicht der Bildung, sondern der Ideologisierung beziehungsweise der Festigung eines Narrativs."* [4] Die pädagogischen Fachblätter waren voll des Lobes, es handelte sich ja um die arabische Welt, und die Talkshow „3 nach 9" lud ihn zum Plausch.[5]

Die DDR-Schulbücher befleißigten sich eines penetrant marxistischen Vokabulars. Volksmassen, Entlarvung, Reaktion (als Bezeichnung für den politischen Gegner), Klassencharakter, Bourgeoisie, Militarismus usw.: Indoktrination allerorten. Wir erheben den Anspruch, es besser zu machen.

---

[3] Konstantin Schreiber, Kinder des Koran, Was muslimische Schüler lernen. Berlin 2019
[4] Ebenda S.269
[5] Z.B. Radio Bremen, 3nach 9 https://www.youtube.com/watch?v=jNtYsodHZDg

Der Bildungsauftrag der Schule

Der Bildungsauftrag der Schule wird in den Schulgesetzen der Länder definiert. Das Niedersächsische Schulgesetz formuliert in §2, der Bildungsauftrag habe sich an den *Grundlagen des Christentums, des europäischen Humanismus, den Ideen der liberalen, demokratischen und sozialen Freiheitsbewegungen* zu orientieren; die Schüler sollten in die Lage versetzt werden, *sich umfassend zu informieren und die Informationen kritisch zu nutzen.* Dafür habe die Schule *die dafür erforderlichen Kenntnisse und Fähigkeiten zu vermitteln. Die Schule soll Lehrkräften…die Gestaltungsfreiheit bieten, die zur Erfüllung des Bildungsauftrags erforderlich sind.*

Das *Bayerische Gesetz über das Erziehungs- und Unterrichtswesen* stellt in Artikel 1 den *Bildungs- und Erziehungsauftrag* vor. Da heißt es u.a.: *Die Schülerinnen und Schüler sind im Geist der Demokratie, in der Liebe zur bayerischen Heimat und zum deutschen Volk und im Sinn der Völkerversöhnung zu erziehen.*

Auch in Bayern haben die Schulen den Auftrag (Artikel 2), die Schüler *zu selbständigem Urteil und eigenverantwortlichem Handeln zu befähigen, zu verantwortlichem Gebrauch der Freiheit, zu Toleranz, friedlicher Gesinnung und Achtung vor anderen Menschen zu erziehen, zur Anerkennung kultureller und religiöser Werte zu erziehen.*

Haben wir aus der Geschichte gelernt? Gilt die eingangs formulierte steile These von immer demselben Auftrag der staatlich kontrollierten Schulen auch bei uns heute? Gilt Konstantin Schreibers Urteil über die Schulbücher der arabischen Welt, dass sie *„auf unheilvolle Art die jeweils problematischen gesellschaftlichen Tendenzen verstärken"* und *„die Bücher nicht der Bildung, sondern der Ideologisierung beziehungsweise der Festigung eines Narrativs"* dienen, gar auch für den Westen?

Religion und Wissenschaft

Religion verkündet Wahrheit. Sie zu hinterfragen ist Ketzerei. Wer von der Lehre der religiösen Institutionen abwich, wurde als Häretiker bekämpft. In früheren Zeiten war das lebensgefährlich, Jan Hus und Giordano Bruno endeten auf dem Scheiterhaufen, Martin Luther kam davon, weil er die politische Rückendeckung seines Landesherrn genoss. Ein Dissens unter den herrschenden Eliten kann sich auch auf religiösem Feld zeigen. Heute hat die Kirche nicht mehr die Macht zur physischen Vernichtung, sie versucht nur noch, Abweichler von der reinen Lehre mundtot zu machen. So verlor der Theologieprofessor Hans Küng 1979 seine kirchliche Lehrbefugnis, Eugen Drewermann 1991 sowie ein Jahr später auch die Predigterlaubnis.

Wissenschaft hingegen lebt vom offen ausgetragenen Diskurs. Es dürfte kaum ein wissenschaftliches Gebiet geben, zu dem nicht mindestens zwei, oft drei und mehr vernünftig begründete Positionen existieren. Wissenschaft erhebt grundsätzlich nicht den Anspruch, die Wahrheit zu verkünden, denn sie entwickelt sich weiter durch die Widerlegung der herrschenden Lehre, durch die Falsifikation, wie Karl Popper darlegte[6]. Ein kluges Bonmot hat mal Wissenschaft als *Irrtum auf dem neuesten Stand* bezeichnet.
Der Andersdenkende oder Querdenker, der der herrschenden Lehre widerspricht, wird zunächst zwar auch vom Establishment bekämpft, das gehört zum wissenschaftlichen Diskurs dazu, er bringt aber mit einem neuen Erklärungsmodell die Wissenschaft voran und führt sie zu einem neuen Paradigma. Berühmte Beispiele dafür sind Isaac Newton, Johannes Kepler, Gregor Mendel mit seiner Vererbungslehre von 1865 oder Albert Einstein mit seiner Relativitätstheorie.
Die Schule stellt an sich selbst den Anspruch, wissenschaftspropädeutisch sein zu wollen. Das spiegelt sich auch in den Schulgesetzen der

---

[6] Karl Popper, Logik der Forschung. Zur Erkenntnistheorie der modernen Naturwissenschaft. 1934

Länder. Sich umfassend zu informieren, zu einem selbständigen Urteil kommen zu können, erfordert Schulbücher, die unterschiedlichen wissenschaftlichen Positionen Raum geben und so die Schüler zu eigenem Urteil auffordern. Sie müssen den Diskurs als grundlegendes Prinzip der Wissenschaft deutlich machen.

Demokratiemanagement

David Hume (1711-1776) formulierte 1741 das Paradoxon der Demokratie: *„Nichts erscheint erstaunlicher als die Leichtigkeit, mit der die Vielen von den Wenigen regiert werden und die stillschweigende Unterwerfung, mit der die Menschen ihre eigenen Gesinnungen und Leidenschaften denen ihrer Herrscher unterordnen. Fragt man sich, wie es zu diesem Wunder kommt, so stellt man fest, dass – zumal die Regierten stets die Stärke auf ihrer Seite haben – die Regierenden durch nichts gestützt werden als durch Meinung."*[7]

Die Gründerväter der Vereinigten Staaten waren Plantagenbesitzer mit vielen Sklaven. George Washington hatte 317 Sklaven, Thomas Jefferson, der dritte Präsident, hatte über 600. Von den zehn ersten Präsidenten der USA hatten nur zwei keine Sklaven: Vater und Sohn Adams aus dem neuenglischen Anwaltsmilieu. Alle anderen kamen aus der Schicht der großen Landeigner. James Madison, der vierte Präsident (100-300 Sklaven), definierte als Aufgabe einer Regierung „to protect the minority of the opulent against the majority". Im 19. Jahrhundert entstanden die marktbeherrschenden Trusts und die exorbitanten Vermögen der herrschenden Elite, die Vanderbilts mit den Eisenbahnen, die Rockefellers im Energiegeschäft, J.P.Morgan im Finanzbereich.

---

[7] David Hume, On the Principles of Government. 1741

1914 kam es zu einem Streik der Kohlebergbauarbeiter in Ludlow, Colorado. Sie waren Immigranten aus Süd- und Südosteuropa, mussten zwangsweise in Werkswohnungen, z.T. Zelten wohnen, ihre Miete wurde vom Lohn abgezogen. Als der Streik begann, ließ Rockefeller die Nationalgarde von Colorado anrücken, später kam die Armee, es gab 25 Tote. Die Wut auf John D. Rockefeller äußerte sich auch in der Presse, und Rockefeller hatte ein Problem. Er engagierte den PR-Manager Ivy Lee, der Rockefeller veranlasste, sein Vermögen in eine Stiftung zu überführen, die Rockefeller Foundation, und Lee baute sein neues Image als Philanthrop auf. Heute gelten Ultrareiche in den USA in der Regel als Philanthropen.

Um nach Madison den Reichtum der Wenigen vor der Mehrheit zu schützen, entwickelten die führenden Denker der jungen Republik die *repräsentative Demokratie*. Ein Oxymoron wie schwarzer Schimmel, zwieträchtige Harmonie, rundes Quadrat. Dem Bürger wird vorgespielt, er habe Anteil am politischen Prozess, in Wirklichkeit aber gibt er bei den Wahlen seine Stimme ab und verliert jede weitere Möglichkeit der Teilhabe an politischen Entscheidungen. Joseph Keppler (1838-1894), österreichischer Maler und Karikaturist, war in die USA ausgewandert und stellte 1889 die Machtverhältnisse im Senat in einem Gemälde dar.

Oben links befindet sich der *peoples entrance: closed.* Die Abgeordneten, Zwerge der Macht, schauen auf die eigentlich Mächtigen: die Trusts für Stahl, Kupfer, Zucker usw.

Wie das der unbeteiligten Mehrheit der Bürger am besten verkauft und Revolten von vornherein unterbunden werden können, darüber dachten in den 20er Jahren des vorigen Jahrhunderts die führenden Köpfe der Meinungssteuerung nach. Edward Bernays (1891-1995), Neffe Sigmund Freuds, 1928 berühmt geworden mit seiner erfolgreichen PR-Aktion für die American Tobacco Company, das Rauchen von Frauen als Akt der Emanzipation zu verkaufen („Fackeln der Freiheit"), schrieb: *„Die bewusste und intelligente Manipulation der organisierten Gewohnheiten und Meinungen der Massen ist ein wichtiges Element der demokratischen Gesellschaft. Diejenigen, die diesen unsichtbaren Mechanismus der Gesellschaft manipulieren, bilden eine unsichtbare Regierung, die die wahre herrschende Macht unseres Landes ist."*

Walter Lippman (1889-1974), Berater Wilsons während des Ersten Weltkriegs und Mitautor seiner 14 Punkte, in denen der US-Präsident Kriterien für die Nachkriegsordnung vorschlug, beschreibt in seinem Buch *Public Opinion* von 1922 Nachrichten als eine Ware, die zustimmungsfähig aufbereitet werde und die Aufmerksamkeit steuere. Lippman: *„Die Öffentlichkeit muss an ihren Platz verwiesen werden, damit wir durch das Getrampel und Geschrei der verwirrten Herde nicht beeinträchtigt werden".* Ein deutlicheres Zitat Lippmans: *„Was Wähler, wenn sie beunruhigt sind, am meisten wollen, ist gesagt zu bekommen, was sie wollen sollen".*[8] Die Sorge um den Arbeitsplatz und soziale Entwurzelung würden die Status-Quo-Neigung verstärken.

Harold Lasswell, der dritte große im Bunde, prägte die Formel: *„Wer sagt was in welchem Kanal zu wem mit welchem Effekt?"* Meinungsmanagement sei günstiger als Gewalt oder Bestechung. Der Unterschied von *news* und *truth* dürfte heute jedem geläufig sein.

---

[8] Walter Lippman, The Bogey of Public Opinion, Vanity Fair 37

Sebastian Haffner, der großartige Publizist, glänzender Stilist und kritischer Begleiter der deutschen Nachkriegsrepublik, schrieb 1968: „*Nominell leben wir in einer Demokratie. Das heißt: Das Volk regiert sich selbst. Tatsächlich hat, wie jeder weiß, das Volk nicht den geringsten Einfluß auf die Regierung, weder in der großen Politik noch auch nur in solchen administrativen Alltagsfragen wie Mehrwertsteuer und Fahrpreiserhöhungen*".

Aktual- und Tiefenindoktrination

Rainer Mausfeld, Prof. emeritus für Kognitionspsychologie an der Universität Kiel, hat sich intensiv mit den westlichen Demokratien beschäftigt. Er beschreibt die Entstehung gigantischer Machtstrukturen, die nicht demokratisch legitimiert sind, keiner Rechenschaftspflicht unterliegen, öffentlich unsichtbar bleiben und durch die Verschmelzung mit staatlichen Organisationsstrukturen zunehmend verrechtlicht werden.
Die Öffentlichkeit werde durch Meinungsmanagement gesteuert, der öffentliche Debattenraum sei in den letzten 50 Jahren immer weiter eingeschränkt worden. Das visualisiert er mit folgendem Bild.

Mausfeld zeigt, wie der öffentliche Debattenraum in den letzten 50 Jahren stetig verengt und die Mitte, die für sich die Attribute vernünftig, rational und verantwortlich reklamiert, an den rechten Rand verschoben wurde.

Schon Noam Chomsky hatte darauf aufmerksam gemacht, dass die Menschen durch eine strikte Begrenzung des Spektrums akzeptabler Meinungen passiv und fügsam gehalten würden, aber eine sehr lebhafte Debatte innerhalb dieses Spektrums gefördert werde. Das gebe den Menschen das Gefühl, dass freies Denken stattfinde.

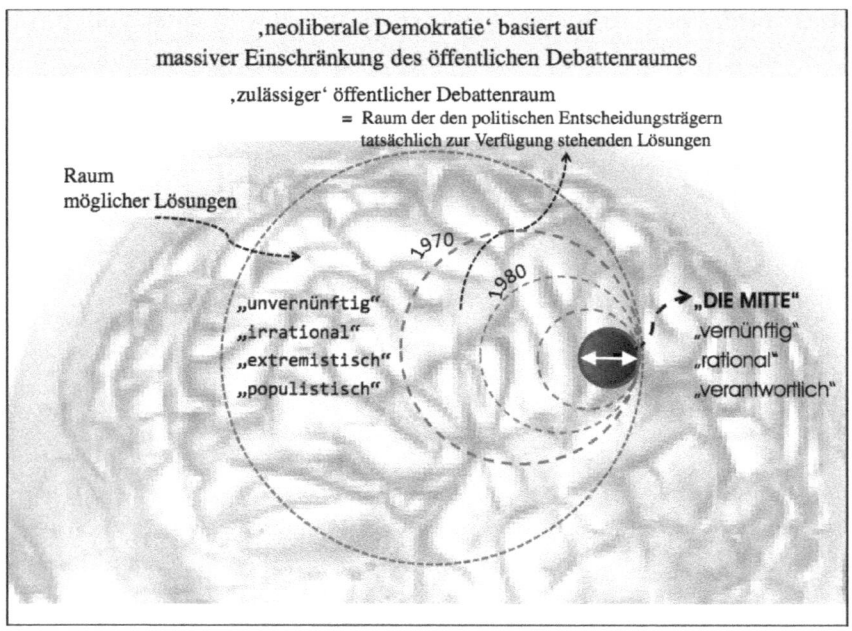

Kluge Leute haben das Problem mit dem Journalismus schon vor 100 Jahren erkannt, es ist nicht neu. 1919 erschien *The Brass Check* von Upton Sinclair, einem sozialistischen Schriftsteller in den USA. Ein *brass check* war ein Coupon, den der Freier am Bordelleingang löste, um ihn der Frau seiner Wahl zu übergeben. So auch in den Medien: Die Eigentümer kaufen sich ihre Journalisten, auch gerne bei der AP (Associated Press), der größten Presseagentur weltweit, und lassen schreiben, was die Leser lesen sollen.

Rainer Mausfeld kommt zum Punkt, mit dem sich dieses Buch befasst: Wie wird die Meinung gesteuert? Er unterscheidet zwischen Aktualindoktrination und Tiefenindokrination. Für erstere seien die Medien

zuständig, Rundfunk, Fernsehen und Presse, für die Tiefenindoktrination die Bildungseinrichtungen, also die Universitäten und Schulen.[9]
Wie Tiefenindoktrination das Fundament für Aktualindoktrination legt, möchte ich am Beispiel eines Lektüreheftes für den Lateinunterricht zeigen, Pliniusbriefe.[10] Die Seite 24 präsentiert den lateinischen Text, ep.4,13,3-9. Darin fordert Plinius die Honoratioren seiner Heimatgemeinde Como auf, ihre begabten Kinder nicht mehr nach Rom oder Mailand zum Unterricht zu schicken, sondern Geld in einem Topf zu sammeln und in Como selbst eine Schule zu gründen. Damit sie auch die besten Lehrer engagieren könnten, verspricht er, das gesammelte Geld aus seinem Vermögen zu verdoppeln. *Die beste Geldanlage (munificentia)* lautet die Überschrift. Auf der gegenüberliegenden Seite 25 findet der Schüler drei Fotos von Prominenten, Bill Clinton, Angela (!) Jolie (der korrekte Name ist einem Altphilologen nicht unbedingt geläufig) und Bill Gates. Die drei vereint, dass sie Stiftungen *„initiierten"*. Einer kommt direkt zu Wort:
Vieles läuft gut
Von Petra Bönhöft – In: DER SPIEGEL 26/2009
SPIEGEL: Niemand hat Sie gedrängt, als Philanthrop zu wirken. Warum behalten Sie Ihren Reichtum nicht für sich?
GATES: Natürlich hätte ich das Geld, das ich durch meinen Erfolg mit Microsoft verdient habe, meinen Kindern schenken und es für Yachten oder andere Dinge ausgeben können. Aber ich habe mich entschieden, das Geld für die Ärmsten zu verwenden. Das ist die Freiheit unseres Ökonomischen Systems. Und ich hoffe, dass mehr Menschen meinem Beispiel folgen. Mit anderen reichen Spendern teile ich ein wunderbares Gefühl: Ich genieße es zu helfen. Diese Aufgabe ist sehr erfüllend.

---

[9] Meine Ausführungen zum Demokratiemanagement stützen sich stark auf Vorträge von Rainer Mausfeld, abrufbar unter https://www.youtube.com/watch?v=aK1eUnfc-K4Q und https://www.youtube.com/watch?v=-hItt4cE0Pk.
Empfehlenswert seine Homepage https://www.uni-kiel.de/psychologie/mausfeld/ und sein Buch: Rainer Mausfeld, Warum schweigen die Lämmer? Wie Elitendemokratie und Neoliberalismus unsere Gesellschaft und unsere Lebensgrundlagen zerstören. Westend, 2019.
[10] Die anderen und ich, Plinius Briefe, Reihe Transfer, C.C.Buchner 2012, S.24-25.

T1 Gliedern Sie die Ansprache des Plinius an die Väter seiner Heimatstadt Como in sinnvolle Abschnitte.

D Recherchieren Sie in Kleingruppen zu den von Bill Gates, Bill Clinton und Angela Jolie initiierten Stiftungen. Diskutieren Sie in diesem Zusammenhang, ob es moralisch fragwürdig ist, als Förderer von caritativen und sozialen Projekten auch an Nachruhm interessiert zu sein.

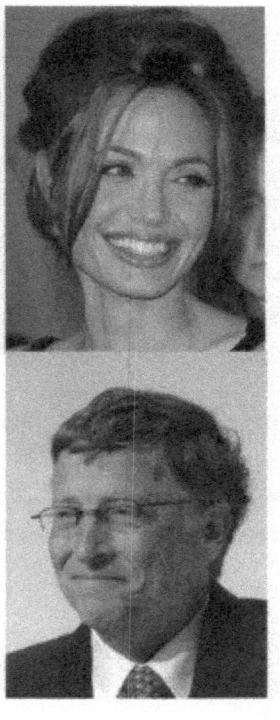

Vieles läuft gut
von Petra Bornhöft – In: DER SPIEGEL 26/2009
SPIEGEL: Niemand hat Sie gedrängt, als Philanthrop zu wirken. Warum behalten Sie Ihren Reichtum nicht für sich?
Gates: Natürlich hätte ich das Geld, das ich durch meinen Erfolg mit Microsoft verdient habe, meinen Kindern schenken und es für Yachten oder andere Dinge ausgeben können. Aber ich habe mich entschieden, das Geld für die Ärmsten zu verwenden. Das ist die Freiheit unseres ökonomischen Systems. Und ich hoffe, dass mehr Menschen meinem Beispiel folgen. Mit anderen reichen Spendern teile ich ein wunderbares Gefühl: Ich genieße es zu helfen. Diese Aufgabe ist sehr erfüllend.

25

Die Aufgabe D dazu fordert die Schüler auf zu diskutieren, *„ob es moralisch fragwürdig ist, als Förderer von caritativen und sozialen Projekten auch an Nachruhm interessiert zu sein."* Auf solch eine sinnfreie Aufgabe muss man erst einmal kommen. Die wesentliche Frage, ob Bill Gates tatsächlich caritative Ziele oder aber demokratisch nicht legitimierte Machtinteressen verfolgt, wird damit unsichtbar gemacht. Die Formulierung setzt das Erstere als Wirklichkeit voraus. Auch wenn der Lehrer diesen Brief nicht behandelt, Lateinunterricht ist nicht durchgehend so spannend, dass die Schüler nicht mal hin- und herblättern. Sie finden die Bilder, kennen die Gesichter, bleiben einen Moment hängen und lesen den Interviewauszug. Bill Gates wird als *Philanthrop* markiert, er hat *die Ärmsten* im Blick, denkt offenbar nicht an sich, er will nur *helfen*. Wenn das in einem Schullektüreheft steht, muss es zumindest einen wahren Kern haben.

Das ist Tiefenindoktrination. Die Aktualindoktrination knüpft an sie an: Am 12.4.2020 gewähren die Tagesthemen Bill Gates ganze sieben Minuten, in denen er die Durchimpfung von 7 Mrd. Menschen verkündet. Ingo Zamperoni stellt keine einzige kritische Frage. Wozu auch? Bill Gates ist ja als helfender Philanthrop, der an die Ärmsten denkt, im dunklen Gedächtnis des Unterbewusstseins gespeichert.

Ausgewählte Schulbuchkapitel

Diese Studie befasst sich mit Schulbüchern für den Jahrgang 10, den alle Schüler durchlaufen, bevor sie in die Oberstufe oder in eine Berufsausbildung gehen. Von der Tiefenindoktrination sind prinzipiell alle Fächer betroffen, wenn auch unterschiedlich intensiv. Es ist ein uferloses Untersuchungsfeld, ohne Beschränkung auf wenige Beispiele geht es nicht. Dass aber Gesellschafts- und Naturwissenschaften gleichermaßen betroffen sind, wird die hier vorgelegte Auswahl zeigen: Biologie, Erdkunde, Politik und Geschichte.

1. Geschichte

In Niedersachsen sind 7 Lehrwerke für Geschichte in der Sekundarstufe I des Gymnasiums zugelassen. Hier betrachten wir eines näher: Geschichte und Geschehen 5/6, Klett-Verlag 2018, zugelassen bis 2023. 5/6 bedeutet, dass es ein Doppelband für die Jahrgänge 9 und 10 ist. Wir werden es vergleichen mit einem Schulbuch von 1992, bsv Geschichte 4N für den 10. Jahrgang. Der Vergleich öffnet die Augen für die didaktische Entwicklung in der Schule. Der Erste Weltkrieg ist gemäß den Curricula in Klasse 8 zu behandeln. Weil er für das Verstehen des 20. Jahrhunderts das Fundament legt, schauen wir uns auch die entsprechenden Bände zum Thema Erster Weltkrieg an: Geschichte und Geschehen 3/4, Klett-Verlag 2016, zugelassen bis 2022, und bsv Geschichte 3N von 1985.

Folgende Themen werde ich behandeln:
Erster Weltkrieg
Zweiter Weltkrieg
Judenverfolgung und rassisch motivierter Vernichtungskrieg im Osten
Hiroshima
Widerstand gegen den Nationalsozialismus
Nachkriegszeit
Vietnamkrieg
Jugoslawienkrieg
Terrorismus
Wiedervereinigung
Die Darstellung Afrikas

1.1 Erster Weltkrieg

Über kein Thema ist in der Geschichtswissenschaft so intensiv, so ausdauernd und kontrovers gestritten worden wie über die Kriegsschuldfrage 1914 und die treibenden Kräfte. Die Diskussion begann im Ersten Weltkrieg und dauert bis heute. Davon erfahren unsere Schüler: nichts. Das Buch sabotiert auf diese Weise die Umsetzung des Kerncurriculums Geschichte Niedersachsen:

Auf der Ebene der historischen Darstellungen bezeichnet man die Gegensätzlichkeit verschiedener Urteile aufgrund unterschiedlicher Kriterien und Gewichtungen als Kontroversität. Die Anbahnung von kontroversen Urteilssituationen im Geschichtsunterricht bietet sich insbesondere am Ende einer Unterrichtseinheit an. Hier werden die erzielten Stundenergebnisse, aber auch Forschungsmeinungen vergleichend gegeneinander abgewogen und unter ggf. verschiedenen Kriterien gewichtet.[11]

Zusammenfassung der Darstellung zur Kriegsschuld in Geschichte und Geschehen 3/4 von 2016:

1. Der Konflikt Österreich-Serbien hat zentrale Bedeutung für den Ausbruch.
2. Das Deutsche Reich wollte den Krieg.
3. Großbritannien bemühte sich, den Frieden zu erhalten.
4. Frankreich hat mit dem Kriegsausbruch nichts zu tun.
5. Russland spielte mit den Muskeln.

---

[11]https://cuvo.nibis.de/cuvo.php?
p=search&k0_0=Fach&v0_0=Geschichte&k0_1=Schulbereich&v0_1=Sek+I&k0_2=D
okumentenart&v0_2=Kerncurriculum&k0_3=Schulform&v0_3=Gymnasium-Sek.I&

6. Die maßgebliche Rolle der USA schon ab 1914 bleibt unsichtbar.

7. Die wesentliche Rolle des Finanzsektors ist gar nicht existent.

Ein Weltbrand entsteht – wie war das möglich? (S.190)

Ausgehend vom Mord in Sarajevo skizziert das Buch den österreichisch-serbischen Konflikt, dann heißt es:

> *„Die deutsche Regierung in Berlin war bereit, Österreich zu unterstützen, selbst wenn dadurch ein „Weltbrand" entstehen könnte...*
> *Aber auch die anderen Mächte waren aus unterschiedlichen Gründen nicht bereit, den Frieden zu erhalten...."*

Nach der Kriegserklärung Österreichs an Serbien heißt es:

> *„Als Russland daraufhin seine Armee zu Serbiens Unterstützung mobilisierte, machte Deutschland ebenfalls mobil. Englische Versuche, durch gemeinsame Vermittlung zwischen den Großmächten den Frieden zu erhalten, lehnte die Regierung in Berlin ab. Am 1. August erklärte sie vielmehr zunächst dem Zarenreich, dann auch dem mit Russland verbündeten Frankreich den Krieg. Als deutsche Truppen am 4. August in das neutrale Belgien einmarschierten, um Frankreich militärisch schneller zu besiegen, trat auch Großbritannien gegen Deutschland in den Krieg ein. "*

Vier Quellen bietet das Buch an: eine Illustration des Attentats von Sarajevo, eine „Abrechnung mit Serbien" des österreichischen Ministerpräsidenten Stürgkh, eine Loyalitätsbekundung des deutschen Staatssekretärs des Auswärtigen Amtes von Jagow (den Titel des Außenministers gab es nicht im Deutschen Reich), und eine Verlautbarung des russischen Außenministers, in der er die Solidarität mit den Serben zur historischen Mission erklärt. Die Quellen bedienen einseitig das Bild von der zentralen Rolle des österreichisch-serbischen Konflikts einerseits und der Lust Deutschlands und Russlands auf einen Krieg andererseits.

Zu den nach August 14 formulierten Kriegszielen bietet das Buch[12] eine Quelle zu den deutschen Kriegszielen, ein Memorandum des russischen Außenministers, dazu zwei deutsche Briefe eines Vaters daheim und eines Sohnes im Krieg, die beide den Krieg begrüßen. Im Memo-

---

[12] Geschichte und Geschehen 3/4, S.194-195

randum vermutet der russische Außenminister, Frankreich wolle Elsass-Lothringen zurück, England werde *„wahrscheinlich die Wieder-
herstellung eines selbständigen Hannovers verlangen.“* Kein weiteres
Wort zu England und seinen Zielen!

Kriegseintritt der USA

*„Durch rücksichtslosen Unterseebootkrieg gegen feindliche und neutrale
Handelsschiffe wollte die Reichsleitung (...) die englische Blockade brechen und den allgemeinen Nachschub an Waffen und Lebensmitteln unterbinden. Der erhoffte Erfolg blieb jedoch angesichts der ungebrochenen
englischen Seeherrschaft aus. Stattdessen traten im Frühjahr 1917 auch
die Vereinigten Staaten in den Krieg ein, weil sie die deutschen Kriegsziele
als unvereinbar mit den Interessen der USA ansahen.“*[13]*

Die Rücksichtslosigkeit der deutschen Seekriegsführung war also offenbar letztlich verantwortlich dafür, dass die USA in den Krieg gezogen wurden. Das ältere Buch von 1985 erwähnt den eigentlichen Grund
für die deutsche Seekriegsstrategie:

*„Deutschland wurde als rohstoffarmes Land mit einer dichten Bevölkerung
schwer von der englischen Seeblockade getroffen. Lebensmittel wurden
knapp; sie mussten rationiert und zwangsbewirtschaftet werden. Vor allem
in dem besonders harten Winter 1916/17 starben Hunderttausende an
Hunger.“*[14]*

Mit solchen Details belastet der Autor unsere jetzige Schülergeneration
nicht mehr. Der letzte Satz des obigen Zitats ist bestenfalls eine hauch-
zarte Andeutung, worum es beim Kriegseintritt der USA ging, die *Interessen der USA.*

Was sind diese konkret? Die Bank J.P. Morgan finanzierte die englische
und französische Rüstung von Kriegsbeginn an. Sie verknüpfte die

---

[13] Geschichte und Geschehen 3/4, S.193
[14] bsv Geschichte 4N, S.230

amerikanische Rüstungsindustrie, die enorm boomte, mit dem Krieg in Europa. Als sich dennoch Ende 1916 ein deutscher Sieg abzeichnete, weil England finanziell am Ende war, stand Morgans Geschäftsmodell vor dem Abgrund. Die Kredite würde bei einer Niederlage der Westalliierten niemand zurückzahlen. Morgans Druck auf Präsident Wilson begann: Wenn die USA nicht in den Krieg einträten, würden sie den größten Zusammenbruch der US-Wirtschaft in der Geschichte erleben. Obwohl Wilson den Wahlkampf 1916 mit dem Versprechen gewonnen hatte, die USA aus dem Krieg herauszuhalten, führte er die USA postwendend hinein.[15] Nach dem Krieg flossen die Reparationszahlungen über England und Frankreich zur Wall Street. Weil sie für die deutsche Wirtschaft aber zu hoch angesetzt waren und die Bedienung der Kredite Großbritanniens und Frankreichs an die Wall Street zur Disposition stand, gab es 1924 den Dawes-Plan und 1929 den Young-Plan. Beide Männer hatten eine Vergangenheit an der Wall Street und eine typisch amerikanische *revolving-door*-Karriere hingelegt, die bis heute die amerikanische Administration prägt. Vorrangiges Ziel der Pläne war nicht, dem leidenden Deutschland zur Seite zu stehen, sondern einen Ausfall der englischen und französischen Kredite – bei einer Zahlungsunfähigkeit Deutschlands - zu verhindern. Also musste letztere verhindert, mussten die Reparationszahlungen so gestreckt werden, dass eben das nicht geschah. Im Schulbuch klingt das anders:

„Nach dem Ersten Weltkrieg erlebte die amerikanische Wirtschaft trotz stagnierender Weltwirtschaft eine Boomphase. Ursachen dafür lagen in der Modernisierung der Wirtschaft, dem Massenkonsum und dem Handel mit Aktien, die zunächst enorm an Wert gewannen.

Aufgrund ihrer Stärke konnte die US-Wirtschaft auch anderen Ländern Anstöße zur Entwicklung geben. Im Anschluss an den Dawes-Plan stellten etwa amerikanische Banken von 1924 bis 1929 Deutschland Kredite in Milliardenhöhe zur Verfügung. In der deutschen Industrie wurden die Gel-

---

[15] Dazu ein kurzer Überblick bei Hermann Ploppa, Die Macher hinter den Kulissen. Wie transatlantische Netzwerke heimlich die Demokratie unterwandern, Frankfurt 2014, 9. Auflage 2018, S.36f. Ausführlicher dazu: Hermann Ploppa, Hitlers amerikanische Lehrer. Die Eliten der USA als Geburtshelfer des Nationalsozialismus. Marburg 2016, S.84ff.

der für die Modernisierung und Rationalisierung der Produktion mit Er-
folg eingesetzt: Bis 1928 stiegen die Unternehmensgewinne, das Lohnni-
veau nahm zu und die Arbeitslosigkeit sank."[16]

Hier lernen die Schüler, dass die USA der helfende Freund Deutschlands waren, sogar die Banken. Der Chart auf der folgenden Seite zeigt,
dass die US-Wirtschaft nicht erst nach dem Ersten Weltkrieg, sondern
ab 1915 massiv boomte. Sie hat gewaltig am Krieg verdient. Mit Beginn der 20er Jahre sank die Außenhandelsbilanz unter das Vorkriegs-
niveau, die Depression kündigte sich an. Eigeninteressen der USA in
Bezug auf das Reparationsmanagement sind für das Schulbuch ein
Tabu. Die Frage, warum die USA in der starken Position waren, fast im
Alleingang die Reparationsfrage neu zu regeln, stellt der Autor nicht.
England und Frankreich konnten nur zuschauen.

Der wirtschaftspolitische Hintergrund

Bis etwa 1900 war England die beherrschende Weltmacht. Ab den
1870er Jahren aber holten zwei Mächte gewaltig auf und überholten
England dramatisch schnell, Deutschland und die USA, beide auch von
der Bevölkerungszahl weit voraus. Es wurde klar, dass eine dieser
Mächte England im neuen Jahrhundert als neue Weltmacht ablösen
würde. Das wollte England verhindern, und das brachte die USA in
eine Deutschland beargwöhnende Position.

Auf S. 148 bietet unser Buch Methodenlernen an, hier *Statistiken aus-*
werten. Es zeigt eine Tabelle der *Roheisenproduktion ausgewählter*
Länder zwischen 1800 und 1913: Großbritannien, Frankreich, Deutschland, Russland, Japan. Warum fehlen ausgerechnet die USA? Sie sind

---

[16] Geschichte und Geschehen 5/6, S.62

viel entscheidender als Frankreich, Russland oder Japan für den weiteren Verlauf der Geschichte.

Auf S.149 stellt der Autor gar fest: *„Ebenso aufschlussreich wäre ein Vergleich mit der größten Volkswirtschaft der Welt, den USA."* Genau das ist der Punkt, eine sträfliche Unterlassung! Wie sehr der Erste und dann der Zweite Weltkrieg der US-Wirtschaft Flügel verliehen haben, zeigt der folgende Chart[17]:

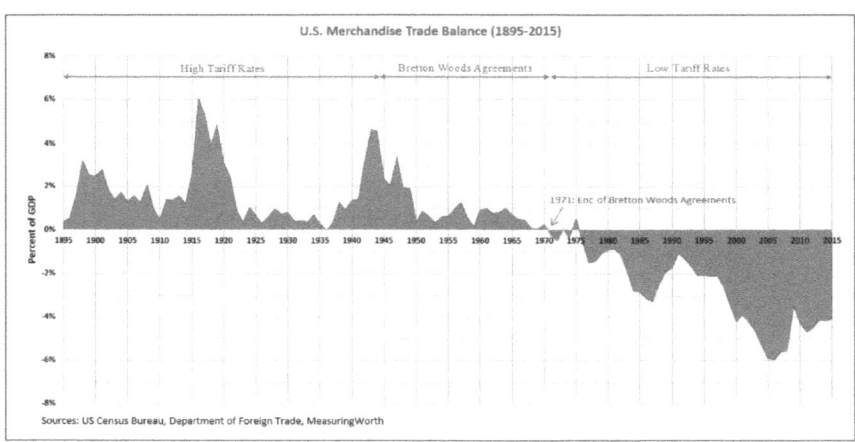

Nach der englischen Wikipedia[18] wuchs die Stahlproduktion in den USA von 0,38 Mio. Tonnen im Jahr 1875 bis 1920 auf 60 Mio. Tonnen. In der letzten Zahl ist das Hochfahren der Produktion für den Ersten Weltkrieg ab 1914 schon enthalten. Die USA hatten in diesem Zeitraum eine jährliche Steigerungsrate von 7%, Deutschland von 6%, Großbritannien von nur 1%. Das imperialistische Denken der Zeit legt durch diese Zahlen einen wie auch immer gearteten Konflikt zwischen dem Deutschen Reich und den USA nahe.

---

[17]https://en.wikipedia.org/wiki/Economic_history_of_the_United_States#/media/
File:U.S._Trade_Balance_(1895%E2%80%932015)_and_Trade_Policies.png

[18] https://en.wikipedia.org/wiki/History_of_the_iron_and_steel_industry_in_the_United_States

Zur wissenschaftlichen Forschung

Drei kontroverse Interpretationen zur Kriegsschuldfrage beherrschen die Geschichtswissenschaft:
1. Die These der Alleinschuld Deutschlands,
2. Die These des (unbeabsichtigten) Hineinschlitterns der Mächte,
3. Die These vom britischen Interesse an einem deutsch-russischen Konflikt, um die eigene Weltstellung zu verteidigen, und der USA, das Deutsche Reich als potentielle neue Nummer eins zurückzustutzen.

Die 1. Position: Deutschlands Alleinschuld

Die Alleinschuld Deutschlands schrieb der Versailler Vertrag fest. Seit jeher wird dieser Artikel 148 massiv angegangen.
Das Buch *Griff nach der Weltmacht* des Hamburger Historikers Fritz Fischer (NSdAP-Mitglied ab 1937) löste die Fischer-Kontroverse aus. Aus den deutschen Akten las er die Alleinschuld heraus. Seine Schüler Immanuel Geiss und John C.G. Röhl verteidigen seine Position.[19]

---

[19] Fritz Fischer, Griff nach der Weltmacht. Die Kriegszielpolitik des kaiserlichen Deutschland 1914/1918. Düsseldorf 1961.
Immanuel Geiss, Juli 1914. Die europäische Krise und der Ausbruch des Ersten Weltkriegs. 3. Auflage. dtv, München 1988.
John C. G. Röhl, Wie Deutschland 1914 den Krieg plante. Süddeutsche Zeitung, 5. März 2014.
Auch Gerd Krumeich neigt zu dieser Sichtweise: Die unbewältigte Niederlage. Das Trauma des Ersten Weltkriegs und die Weimarer Republik. Freiburg 2018.

Die 2. Position: Alle Parteien tragen Verantwortung

Dieser Ansatz nimmt seinen Ausgang von einem Zitat des britischen Premiers Lloyd George: *„Keiner der führenden Männer dieser Zeit hat den Krieg tatsächlich gewollt. Sie glitten gewissermaßen hinein, oder besser sie taumelten hinein oder stolperten hinein, vielleicht aus Torheit."* [20]
Heute dominiert dieses Bild – modifiziert - in der Geschichtswissenschaft, sie arbeitet auch das aktive Interesse der verschiedenen Seiten am Krieg heraus.[21]

Die 3. Position: Das britische Interesse an einem deutsch-russischen Konflikt

Sie ist erst in den letzten Jahren entwickelt worden, noch wenig bekannt und soll deshalb etwas ausführlicher vorgestellt werden. Peter Haisenko machte als erster auf das Interesse Englands an dem Ausbruch eines großen Krieges in Europa aufmerksam, der den weiteren Aufstieg Deutschlands stoppen sollte.[22]

---

[20] Zitiert nach: Karl Dietrich Erdmann: Der Erste Weltkrieg. Gebhardt Handbuch der Deutschen Geschichte Bd.18, München 1980. S. 95
[21] Sean McMeekin, Juli 1914: Der Countdown zum Krieg. 2014.
Herfried Münkler, Der Große Krieg 1914-1918. Berlin 2013.
Christopher Clark, Die Schlafwandler. Wie Europa in den Zweiten Weltkrieg zog. München 2013.

[22] Peter Haisenko, England, die Deutschen, die Juden und das 20. Jahrhundert. Die perfiden Strategien des British Empire. München 2012. Für Haisenko sind die Deutschen und die Juden im 20. Jahrhundert gleichermaßen Opfer der britischen Politik.

Die britischen Historiker Gerry Docherty und Jim Macgregor behaupten, Großbritannien habe schon lange vor dem Ersten Weltkrieg in Kooperation mit den USA den Aufstieg Deutschlands stoppen, Deutschland aus Afrika vertreiben und die angelsächsische Weltherrschaft sichern wollen. [23]

Wer die 3.Position vertritt, geht zumeist von der Heartland-Theorie des britischen Geographen Halford Mackinder aus, der 1904 in der Royal Geographic Society der britischen Elite erklärte, dass die britische Weltherrschaft, die auf der Beherrschung der Meere basiere, gefährdet sei. Zukünftig sei es möglich, auch große Landmassen mit der neuen Eisenbahn schnell zu überwinden. Das Herzland (Pivot Area) sei der asiatische Raum ohne Zugang zu den Ozeanen. Wer diesen Raum beherrsche, könne von dort den reich bevölkerten inneren Halbmond kontrollieren (zu dem Großbritannien und Japan nicht mehr gehörten): Europa, den Nahen Osten, Iran, Indien, Indochina, China. Mackinder sagte, wer Osteuropa beherrsche, beherrsche das Herzland, wer das Herzland beherrsche, beherrsche die Welt. Großbritannien müsse, wolle es seine Dominanz bewahren, ein Zusammengehen Deutschlands (Technik) und Russlands (Rohstoffe) unbedingt verhindern. Das wäre das Ende des British Empire. Diese Theorie prägt heute die Außenpolitik der USA.

---

[23] Gerry Docherty, Jim Macgregor, Verborgene Geschichte: Wie eine geheime Elite die Menschheit in den Ersten Weltkrieg stürzte. 2014

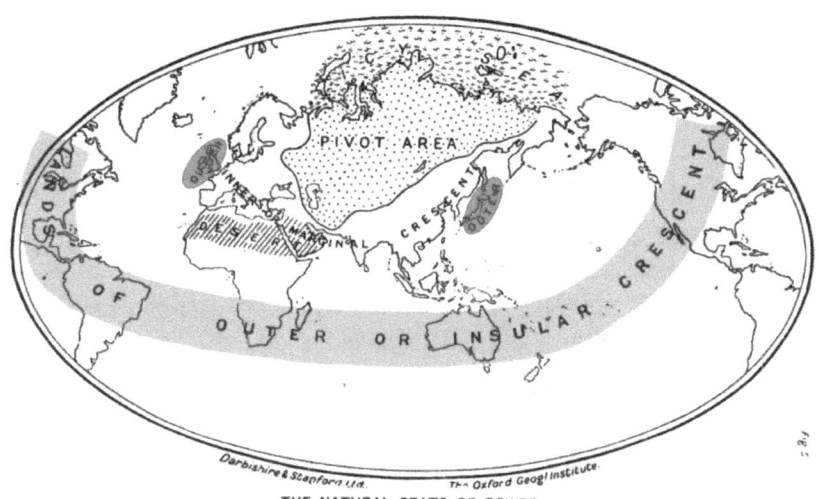

THE NATURAL SEATS OF POWER.
Pivot area—wholly continental. Outer crescent—wholly oceanic. Inner crescent—partly continental, partly oceanic.

George Friedman vom mächtigen Thinktank STRATFOR erklärte am 4.2.2015: Strategie der USA sei, ein deutsch-russisches Zusammengehen unbedingt zu verhindern.[24]

(ab 1:05:50) Die Herrschaft über die Meere sichere die amerikanische Dominanz. Zitat Friedman: *„Auch die Briten haben dafür gesorgt, dass kein anderes europäisches Land eine Flotte bauen konnte, indem sie sicherstellten, dass diese Länder sich an die Gurgel gingen"* (ab Minute 56:30).

Zbigniew Brzeziński, Berater mehrerer US-Präsidenten von Carter bis Obama, präzisierte diesen Ansatz in seinem Buch The Grand Chessboard[25]. Seine Sorge gilt gleichermaßen dem Aufstieg Chinas und der

---

[24] https://www.youtube.com/watch?v=QeLu_yyz3tc
mit deutscher Übersetzung: https://www.youtube.com/watch?v=u3A23h4xKbo (ab Minute 1:05:50).
[25] The Grand Chessboard: American Primacy and Its Geostrategic Imperatives. Basic Books, New York 1997, (deutsch: Die einzige Weltmacht: Amerikas Strategie der Vorherrschaft. 2015.)

Verhinderung einer deutsch-russischen Verständigung. Brzezinski hat keine Scheu, die europäischen NATO-Partner als Vasallen im großen Spiel zu bezeichnen.[26]

Zu diesem Deutungsmuster passen perfekt die Standorte der vielen US-Basen rund um den Iran und China, der Aufbau neuer Basen im Baltikum, Polen (zwischen Deutschland und Russland!), Kosovo, Bulgarien, das Engagement in der Ukraine, in Afghanistan - ein Chaos anzurichten reicht dafür, siehe Friedman - und der amerikanische Widerstand gegen Nordstream 2. Wer hinschaut, kann eine konsistente Linie von der Vorgeschichte des Ersten Weltkriegs bis zum Ukrainekrieg und zur aktuellen Auseinandersetzung der USA mit China erkennen.

Literatur zu diesem Ansatz auf Deutsch kommt bisher nicht aus den Universitäten, sondern aus dem investigativen und unabhängigen journalistischen Bereich, z.B.: Hermann Ploppa, Der Griff nach Eurasien: Die Hintergründe des ewigen Krieges gegen Russland. 2019,
Wolfgang Effenberger und Willy Wimmer, Wiederkehr der Hasardeure. 2014, Matthias Bröckers, Der Kampf um das „Herzland". 2019.[27]

Zur Kriegsschuldfrage

Ein dürrer Satz wirft im Geschichtsbuch einen blassen Schimmer auf die zweite Position, die Verantwortung aller Mächte am Weltenbrand:
Aber auch die anderen Mächte waren aus unterschiedlichen Gründen nicht bereit, den Frieden zu erhalten.[28]

---

[26] In der deutschen Ausgabe S. 38, Zitat: *„Wie die folgende Karte zeigt, ist der gesamte Kontinent von amerikanischen Vasallen und tributpflichtigen Staaten übersät."*
[27] https://www.rubikon.news/artikel/der-kampf-um-das-herzland
[28] Geschichte und Geschehen, S.190

England wird ein paar Zeilen später vorsorglich, nachdem Deutschland und Österreich als kriegswillig dargestellt wurden, ganz aus der Schusslinie genommen:

> *Englische Versuche, durch gemeinsame Vermittlung zwischen den Groß-mächten den Frieden zu erhalten, lehnte die Regierung in Berlin ab.*

Wer mit *gemeinsam* hier gemeint ist, muss der Leser erahnen, Russland wird es nicht gewesen sein. Frankreich? Das französische Begehren, Elsass-Lothringen zurückzubekommen, ist gut versteckt in Quelle 6 dem russischen Botschafter in die Feder gelegt, der ein Gespräch mit dem französischen Außenminister protokolliert hat.[29] Der Vergleich mit bsv Geschichte 4N von 1992 mag erschrecken: Eine ganze Doppelseite stellt in Text und Quellen die Frage „*Wer trägt die Schuld am Ausbruch des Weltkrieges?*" Wohlgemerkt, bei Erscheinen dieses Werkes gab es das dritte Deutungsmuster vom britischen Interesse an einem deutsch-russischen Konflikt noch nicht. Von den sechs Materialien argumentieren zwei für Deutschlands Alleinschuld, drei gehen von dem kollektiven Versagen aus. Eine Quelle bietet beide Ansätze mit Übergewicht für das kollektive Versagen, der Autorentext bringt beide Deutungen. Die Aufgaben dazu sind vorbildlich: *Mit welchen Argumenten stützen die Historiker ihre Meinung über die Kriegsschuld? Vergleiche!* Und: *Diskutiert die Argumente für und gegen eine deutsche Kriegsschuld.*[30] 1985 wurde unserer Jugend noch beigebracht, dass in der Wissenschaft einander widersprechende Ansätze zu diskutieren sind, im aktuellen Buch ist das nicht mehr erwünscht. Die deutsche Alleinschuld darf nicht mehr in Frage gestellt werden. Großbritannien soll als friedensliebende Macht, die USA als moralische Instanz und Helfer in der Not in die Köpfe unserer Jugend.

---

[29] Q 6, S.195
[30] bsv Geschichte 4N, S.234-235.

Krieg und Propaganda

„Der Erste Weltkrieg war von Anfang an auch ein Propagandakrieg. Alle Kriegsparteien versuchten, die eigene Bevölkerung hinter sich zu bringen oder neutrale Länder wie die Vereinigten Staaten zur Unterstützung zu veranlassen, indem sie der jeweils anderen Seite die Schuld am Krieg gaben oder Kriegsverbrechen vorwarfen. Die damit geschaffenen Feindbilder sollten lange das Verhältnis zwischen den Staaten Europas beeinträchtigen." [31]

Die überragende Bedeutung der Propaganda für einen Krieg haben England und die USA sehr schnell erkannt. Die Deutschen seien kulturlose Hunnen, Barbaren, Schlächter, selbst Kinder seien in Belgien massakriert worden, von Kannibalismusfällen berichteten britische und amerikanische Zeitungen. Als in den USA die Entscheidung für den Kriegseintritt gefällt war, traten in allen Kinosälen des Landes vor jedem Film sogenannte four-minute-men auf, die eine kurze Hassrede auf den Kaiser und die gnadenlose menschenfressende deutsche Kriegsmaschine hielten. Besonnene Köpfe, die dagegen argumentierten, wurden stillgestellt, selbst Kongressabgeordnete. Hollywood drehte die entsprechenden Gräuelschinken. Hermann Ploppa hat das eindrücklich beschrieben[32]. Die deutsche Seite hatte dem nichts Vergleichbares entgegenzusetzen, weil sie die Propaganda als Waffe im Krieg noch gar nicht erkannt hatte. Die verallgemeinernde Gleichsetzung der alliierten und deutschen Propaganda im Schulbuch ist ahistorisch und hochpolitisch.

---

[31] Geschichte und Geschehen 3/4, S. 193
[32] Hermann Ploppa, Hitlers amerikanische Lehrer: Die Eliten der USA als Geburtshelfer der Nazi-Bewegung. 2016

Krieg und Verbrechen

Das Kriegsgeschehen erfasste auch die Zivilbevölkerung. In Belgien, Ost-preußen oder auf dem Balkan richteten Soldaten Tausende Zivilisten für angebliche Verbrechen oder die Zugehörigkeit zu missliebigen nationalen Minderheiten hin. Unzählige Städte und Dörfer wurden dabei zerstört. Millionen Menschen waren danach jahrelang auf der Flucht. Eines der größten Verbrechen war der Völkermord an den christlichen Armeniern 1915/16. Sie wurden von türkischen Soldaten aus ihrer anatolischen Heimat vertrieben. Schätzungsweise 1 bis 1,2 Millionen starben dabei oder wurden umgebracht.[33]

Hat hier der Autor den Ersten mit dem Zweiten Weltkrieg verwechselt? Warum nennt er nur einen einzigen Täter, die Türken, und verbindet das mit der deutschen Besatzung Belgiens und der russischen Armee in Ostpreußen? Sollen die Schüler die türkischen Gräuel auf andere krieg-führende Mächte übertragen? Ja, im Ersten Weltkrieg mussten Löwen (damals ca. 40.000 Einwohner) in Belgien und Verdun (damals ca. 18.000 Einwohner) in Frankreich schwer leiden. Verdun war zur Fes-tung ausgebaut und lange schwer umkämpft. Die gezielte Auslöschung des urbanen Raums aber war im Ersten Weltkrieg auf keiner Seite Kriegsstrategie. Belgien beklagte 50.000 zivile Tote, Frankreich 300.000, Deutschland 700.000, niedrige Zahlen im Vergleich zu dem, was sich im Zweiten Weltkrieg abspielen sollte. Da wurden die Gesich-ter vieler Städte zerfetzt, in Deutschland, in Polen, in der Sowjetunion, vereinzelt waren auch Städte im Westen betroffen wie Rotterdam oder Coventry. Erst hier traf der Krieg die Zivilbevölkerung mit voller Wucht. Der Erste Weltkrieg hingegen war noch ein herkömmlicher Krieg, zwar mit den in jedem Krieg ablaufenden gewaltsamen Über-griffen, er war aber - außerhalb der Türkei - noch nicht der Vernich-tungskrieg, den vor allem Polen und die Sowjetunion im Zweiten Welt-krieg erdulden mussten.

---

[33] Geschichte und Geschehen 3/4, S. 193

Fazit

Geschichte wird von den Siegern geschrieben. Das Schulbuch zeigt, wie das geht. Die Verantwortung für den Krieg trägt allein der Verlierer, der Sieger hat die Moral auf seiner Seite. Strategische Motive des Verlierers spielen keine Rolle, jene der Sieger sind ethisch akzeptabel. Das ist ein Holzschnitt nach dem einfachen Muster Gut und Böse. Bedenklich ist, dass wir heute dieses Bild nicht etwa modifiziert, sondern im Vergleich mit den älteren Schulbüchern noch erheblich weiter zugespitzt haben. Wenn von drei wissenschaftlichen Erklärungsmustern zur Kriegsschuldfrage, alle drei mit guten Argumenten gewappnet, nur eine einzige Raum bekommt, ist das keine Wissenschaft mehr, sondern Indoktrination. Tiefenindoktrination.

Den Verfasser dieser Schulbuchseiten zum Ersten Weltkrieg findet der interessierte Leser auf Seite 2. Es ist Prof. Dr. Michael Epkenhans. Michael Epkenhans war bis zu seinem Ruhestand 2021 Leitender Wissenschaftler am Zentrum für Militärgeschichte und Sozialwissenschaften der Bundeswehr in Potsdam und Stellvertreter des Kommandeurs. Ein von der Bundeswehr bezahlter Wissenschaftler darf also mit einem NATO-freundlichen Bild, das jeden Hauch von Kritik an den USA vermeidet, das Geschichtsbild unserer kommenden Generation prägen.

1.2 Zweiter Weltkrieg

Fünf beispiellose Verbrechen gegen die Menschlichkeit machen den Zweiten Weltkrieg einzigartig in der Geschichte.
die Judenvernichtung,
der deutsche Vernichtungskrieg im Osten,
die Atombomben auf Hiroshima und Nagasaki,
der Bombenkrieg der westlichen Alliierten gegen deutsche Städte,
die Kriegführung Japans in China.
Das letzte spielt in unseren Geschichtsbüchern und deshalb auch in dieser Studie keine Rolle.

Judenverfolgung, Holocaust und rassisch motivierter Vernichtungskrieg im Osten

Fundierte Kenntnisse zur nationalsozialistischen Judenvernichtung sind unverzichtbar, das Thema muss einen hohen Stellenwert in der politischen Bildung haben. Rassenideologie und Antisemitismus spielen in unseren Geschichtsbüchern aber ausschließlich in der deutschen Geschichte zur Zeit des Nationalsozialismus eine Rolle. Das ist eine Verkürzung, die ein historisches Verständnis verhindert. Mit der Aufklärung löste das wissenschaftliche Denken die Religion als dominierenden Maßstab der Weltbetrachtung im gesamten westlichen Abendland ab. Die Aufklärung hat indes auch eine Schattenseite: den Rassismus.
Die Geschichte der USA, der Imperialismus Großbritanniens, Frankreichs und anderer Europäer im 19. Jahrhundert sind zutiefst vom Rassismus geprägt. Ohne diese Einbettung des NS-Rassismus in den amerikanisch-europäischen Kontext kann kein richtiges historisches Verständnis aufgebaut werden, sondern nur ein holzschnittartiges mit bösen Deutschen und moralisch überlegenen Westeuropäern.

Ebenso spielte der Antisemitismus in fast ganz Europa, in Ost wie in West, eine große Rolle, in Amerika hingegen kaum. Mit der Einhegung beider Themen auf die Jahre 1933 - 1945 in Deutschland werden wir beiden Phänomenen nicht gerecht, weder räumlich noch zeitlich.

Zurück zum Buch. Eine Doppelseite thematisiert die NS-Weltanschauung.

„Die NS-Ideologie war ein Sammelsurium von völkischen, antidemokratischen, antisemitischen und rassistischen Ideen. Viele davon waren bereits seit dem 19. Jahrhundert verbreitet – auch außerhalb Deutschlands."[34]

Mit dem Wort *Sammelsurium* wird die NS-Ideologie als intellektuell minderbemittelt, chaotisch und wirr klassifiziert. Aber alle vier im Text genannten Elemente waren tief im Denken der Zeit verwurzelt. In der Soziologie und Geschichtswissenschaft, in der Publizistik, in den politischen Parteien gab es rassistische und völkische Vorstellungen. Antidemokratische Werte prägten schon das Kaiserreich und hielten sich die ganze Weimarer Republik. An vielen Universitäten in Deutschland, England, Frankreich, Schweden, den USA gab es rassehygienische Forschungsinstitute, zumeist den medizinischen Fakultäten angegliedert.[35] Zum Rassismus und Eugenik in den USA hat Hermann Ploppa eine lesenswerte Studie vorgelegt.[36] Ohne diese Verankerung im wissenschaftlichen Betrieb hätte der Nationalsozialismus gerade an den Universitäten nicht den Siegeszug hinlegen können, den wir dann sahen. Hier unternehmen die Autoren den Versuch, Rassismus und Anti-

---

[34] Geschichte und Geschehen, S.82

[35] Siehe z.B.: Paul Herre (Hg.), Politisches Handwörterbuch, 2 Bände, Leipzig 1923. Die Lemmata „Rasse" S.403-406, „Rassenfrage" S.406, „Rassenhygiene" S.406-408, und „Rassenkampf" S.408-409 verfasste Richard Thurnwald, Jurist und Ethnologe mit Ausbildung in den USA und Deutschland, Professor in Berlin mit Forschungsreisen in deutsche Kolonialgebiete und Gastprofessuren in Yale und Harvard.

[36] Hermann Ploppa, Hitlers amerikanische Lehrer: die Eliten der USA als Geburtshelfer der Nazi-Bewegung. Liepsen Verlag, Marburg 2016.

semitismus auf das Deutschland zwischen 1933 und 1945 einzuhegen. Das ist ahistorisch.

Die Judenverfolgung und der Holocaust werden umfassend und angemessen dargestellt. Die Ausgrenzung aus der Volksgemeinschaft, der industriell organisierte Völkermord, der in der Vernichtung von ca. sechs Millionen Menschen gipfelte, die Frage, was die Deutschen davon mitbekommen haben, das wird den Schülern vorbildlich präsentiert.

Der deutsche Vernichtungskrieg im Osten

In der Sowjetunion, kamen ca. 15 Millionen Zivilisten um, in Polen etwa 5,5 Millionen. Auch hier spielte der Rassismus mit seinem Herrenmenschentum eine wichtige Rolle. Davon erfahren die Schüler – fast nichts. Eingebettet in das Kapitel vom Deutschen „*Vernichtungskrieg in Europa*" wird vom „*unerwünschten Nebeneffekt*" die Rede sein, im Erlebnisbericht eines deutschen Soldaten „*verrecken, verhungern, erfrieren*" geht es um das Leiden der einfachen Landser[37], eine Quelle von der nicht durchgeführten Erschießungsaktion wird auf Seite 46 vorgestellt werden. Das alles passt auf eine gute Seite. Sinti und Roma werden neuerdings – politisch korrekt[38] – in die Vernichtungsorgie einbezogen, 94.000, 200.000 oder 500.000[39] Sinti und Roma waren betroffen, diese Zahlen jedenfalls kursieren.

---

[37] Geschichte und Geschehen 5/6, S.115
[38] Damals sprach man von Zigeunern, Sinti und Roma hat sich erst in den 80er Jahren in Deutschland eingebürgert, für die Zeit des NS ist der Ausdruck ahistorisch und problematisch, weil damit nur zwei, nicht alle *Romani* benannt sind.
[39] https://de.wikipedia.org/wiki/Porajmos#Zur_Gesamtzahl_der_Opfer
(Porajmos" ist das Romanes-Wort für Völkermord)

„Der deutsche Vernichtungskrieg in Europa", das ist die Überschrift des ersten Kapitels zum Zweiten Weltkrieg. Zum Überfall auf Polen heißt es:

„Vor allem die SS, aber auch die Wehrmacht, errichtete in Polen eine Besatzungsherrschaft, die mit dem Völkerrecht brach. Die polnische Elite und die polnischen Juden wurden systematisch ermordet. Viele Polen wurden verschleppt und mussten Zwangsarbeit leisten."[40]

Zu Frankreich heißt es zwei Seiten weiter:

„Zudem gab es Übergriffe auf die Zivilbevölkerung, wie in Oradour-sur-Glane. Beim dortigen Massaker löschte die Waffen-SS 1944 ein ganzes Dorf aus."

Dann folgt der Überfall auf die Sowjetunion:

„Die NS-Führung betrachtete die Sowjetunion als politischen Todfeind und die in der Sowjetunion lebenden Bürger als slawische Untermenschen. Entsprechend rücksichtslos und brutal wurde der Krieg von deutscher Seite geplant und geführt. Neben politischen und strategischen Kriegszielen (Gewinn von Territorium, militärische Schwächung des Feindes) verfolgte die NS-Führung von Anfang an zweierlei: die wirtschaftliche Ausbeutung des Landes und die Vernichtung der als minderwertig angesehenen Bevölkerung. Basierend auf der NS-Vorstellung von der Eroberung von „Lebensraum im Osten" ließ die NS-Führung einen „Generalplan Ost" ausarbeiten, der eine Neuaufteilung der Länder im Osten Europas bis zum Ural vorsah. Die dort lebende Bevölkerung sollte vernichtet, versklavt oder vertrieben werden, um so ein Siedlungsgebiet für Deutsche zu schaffen.

Der Tod von Millionen sowjetischer Menschen auch außerhalb von Kampfhandlungen war kein unerwünschter Nebeneffekt des Kriegs. Er wurde viel mehr bewusst in Kauf genommen. Umgesetzt wurden diese Verbrechen an Zivilisten, Partisanen und Soldaten von den sogenannten Einsatzgruppen, der SS und der Wehrmacht. Insgesamt

---

[40] Geschichte und Geschehen 5/6, S.110

starben durch den deutschen Vernichtungskrieg etwa 25 bis 30 Mil-
lionen Russen infolge von Kämpfen, Unterversorgung, Massenexe-
kutionen und Zwangsarbeit – davon mehr als die Hälfte Zivilisten."

An diesem Text ist alles richtig, er nimmt im Buch eine Dreiviertelspal-
te ein, eine knappe halbe Seite. Auf die Formulierung, den Tod von
Millionen Menschen als *nicht unerwünschten Nebeneffekt* zu bezeichnen, der *bewusst in Kauf genommen* wurde, muss man erst einmal
kommen, sie konterkariert den gerade vom Autor beschriebenen Generalplan Ost. Die Opferzahlen der Sowjetunion werden genannt, den Autoren ist kein Vorwurf zu machen.

Doch! Solange die Schulbücher nicht die Todeszahlen der anderen
Kriegsparteien preisgeben, fehlt der Vergleichsmaßstab. Erst dann wird
das Ungeheuerliche dieses rassisch motivierten Vernichtungskriegs im
Osten, nur im Osten sichtbar. Die Kapitelüberschrift vom *Vernich-*
tungskrieg in Europa ist eine Verwischung, eine Vernebelung der tatsächlichen Verhältnisse, ihn hat es im Westen nicht ansatzweise gegeben. Ihn hat es nur im Osten Europas gegeben, in der Sowjetunion und
etwas schwächer in Polen.

Sowjetunion	USA	Großbritan-nien	Frankreich	Deutschland
Zivilisten (Dunkel): 14-15 Mio	keine	100.000	100.000	1,1 Mio
Soldaten (hell): 15 Mio	400.000 incl. Fernost	390.000	300.000	6-7 Millionen

Woher kommen die 14-15 Millionen zivilen Toten in der Sowjetunion? Wenige Beispiele: Auf Murmansk fielen im Krieg 185.000 Bomben bei 792 Luftangriffen, die Stadt wurde zu 75% zerstört, Sewastopol zu 94%, mittelgroße Städte wie Witebsk zu fast 100%, Smolensk ebenfalls, in der Region Smolensk starben 546.000 Zivilisten, in der Region Minsk 400.000. Und die Dörfer! Wenn man 1000 bis 2000 Bewohner als Mittel setzt, müssen es Tausende gewesen sein, Tausende Dörfer. In Frankreich traf es ein einziges, Oradour-sur Glane, im Buch mit Namen erwähnt, die russischen, weißrussischen, ukrainischen Dörfer werden nicht einmal erwähnt! Quellen mit bestialischen Berichten sind durchaus vorhanden, nur hat es bei uns Tradition, sie nicht zu kennen. Sie kommen aus russischen Archiven.[41] Aus Charkow etwa berichteten Bewohner, an der Tür des Schuppens zu dem Haus Trinklerstraße 12 hätten sie einen gekreuzigten Rotarmisten gesehen: *„Die waagerecht ausgestreckten Arme waren festgenagelt, die Füße stießen gegen den Boden, der Kopf mit abgeschnittenen Ohren hing herab, die Geschlechtsorgane waren abgeschnitten, die Hosen bis zu den Knien herabgelassen, und auf der Brust trug er eine Binde mit der Aufschrift*

---

[41] Verbrecherische Ziele - verbrecherische Mittel. Dokumente der Okkupationspolitik des faschistischen Deutschlands auf dem Territorium der UdSSR. Verlag für fremdsprachige Literatur. Moskau 1963

`Juda´.`[42] Das Abbrennen der Dörfer ging oft einher mit einer kompletten Plünderung: *Die Kompanie erhielt den Auftrag, die im Raum nordostwärts von Mokrany gelegene Ortschaft Zablocie zu vernichten und die Einwohner zu erschießen... Die Aktion hatte folgendes Ergebnis: Es wurden 289 Personen erschossen, 151 Gehöfte niedergebrannt, 700 Stück Rindvieh, 400 Schweine, 400 Schafe und 70 Pferde eingetrieben. An Getreide wurde abgefahren: 300 DZ gedroschenes und 500 DZ ungedroschenes Getreide. Ferner wurden ca. 150 landwirtschaftliche Maschinen (Handbetrieb) und zahlreiches Gerät sichergestellt...*“[43] Berichte dieser Art hätten während des Kalten Krieges im Bewusstsein der Westdeutschen nur gestört. Und das gilt offenbar auch heute noch.

Leningrad! Die Stadt wurde knappe 900 Tage abgeriegelt und dem Hunger überlassen. Nur im Winter gelang es gelegentlich, über den zugefrorenen Ladogasee Nachschub in die Stadt zu bekommen. Die Zahl der Verhungerten wird auf 1,1 Millionen geschätzt, mehr als alle Kriegstoten Englands und Frankreichs zusammen. Tagebücher und andere Quellen aus Leningrad berichten von Kannibalismusfällen, davon, dass Verstorbene der Stadtbehörde nicht gemeldet wurden, um deren Lebensmittelmarken zu bekommen. Erst die Nachbarn meldeten die Toten, wenn sie Verwesung rochen. Nach der Belagerung gab es in der Stadt kein Grün mehr. In Russland ist die Erinnerung daran gegenwärtig, bei uns werden die Schüler damit nicht belastet.

Nebenbei: Strafaktionen zur Einschüchterung der Zivilbevölkerung hat es in anderen besetzten Gebieten vereinzelt auch gegeben, Distomo in Griechenland, Lidice in Böhmen (im heutigen Tschechien) Marzabotto in Italien sind bekannte Beispiele. Es mag Zufall sein, dass gerade das Dorf im Land einer Siegermacht namentlich erwähnt wird. In der Sowjetunion traf es in manchen Gebieten Dorf um Dorf um Dorf.

---

[42] Eingabe von Einwohnern Charkows an die Zentrale Kommission zur Untersuchung der Greueltaten der deutschen Okkupanten bei der Erschießung verwundeter Kriegsgefangener, Dezember 1943
a.a.O., Nr.85, S.233
[43] a.a.o., Nr.41, S.144-146

Stalingrad

„Als zu Beginn des Krieges eine ganze deutsche Armee in der Schlacht um Stalingrad mit über 200 000 Soldaten von der Roten Armee eingekreist und vollständig geschlagen wurde, wurde dies zum Symbol der Kriegswende. „

Ein zweites Mal wird der Name Stalingrad noch erwähnt, nämlich dass *nach der Niederlage in Stalingrad* Goebbels seine berühmte Rede vom totalen Krieg hielt.

Nein, werte Kollegen Autoren, Stalingrad war nicht das *Symbol*, es *war* die Kriegswende! Danach kam der unaufhaltsame Rückzug mit Kesselschlachten, die ihn nicht aufhalten konnten.

Das alte Geschichtsbuch von 1992 übt sich ebenfalls in Wortkargheit, bezeichnet immerhin Hitlers Verbot, die Stadt preiszugeben, als *sinnlosen Durchhaltekampf* und gibt mit einem Feldpostbrief vom 6. Dezember 1943, ein knappes Jahr nach Stalingrad, wenigstens den Hauch einer Ahnung, was Winterkrieg in Russland bedeutete.[44]

Wie kämpft der deutsche Soldat – wie kämpft der Rotarmist?

In den Soldbüchern der Soldaten standen Verhaltensregeln:

„Der deutsche Soldat kämpft ritterlich für den Sieg des Volkes. Grausamkeiten und nutzlose Zerstörungen sind seiner unwürdig. Es darf kein Gegner getötet werden, der sich ergibt, auch nicht der Freischärler (Partisan) und der Spion. Die Zivilbevölkerung ist unverletzlich. "

So belehrt Quelle 3 unter der Überschrift *Kriegsregeln für deutsche Soldaten.*[45] Das ist die normative Seite, mit der faktischen hat sie im Osten nicht einmal im Ansatz zu tun.

---

[44] bsv Geschichte 4N, S.110
[45] Geschichte und Geschehen 5/6, S.113

Zur Sache geht es, wenn die Autoren die Flucht vor der Roten Armee beschreiben:

> *„Die Sowjets, die unter der deutschen Besatzung besonders gelitten hatten, verübten blutige Racheakte. Es kam zu Plünderungen, Vergewaltigungen und Morden. Oft vertrieben die siegreichen Rotarmisten Deutsche, die zurückgeblieben waren, völlig willkürlich aus ihren Häusern... Hunderttausende starben auf der Flucht.“*[46]

Den Schülern wird für die deutschen Soldaten ein normativer Text vorgelegt, der von der Wirklichkeit weitweit entfernt war. Wesenselemente eines Krieges wie *Rache, Plünderungen, Vergewaltigungen, Morde, Willkür* erscheinen im Buch erst mit dem Einzug der Sowjets in Ostpreußen. Einseitiger, manipulativer geht es nicht.

Hierhin gehört auch ein Erlebnisbericht eines 17-jährigen, mit Namen genannten Russen, der von einem Erschießungskommando in seinem Dorf berichtet.

> *„Jeder fünfte sollte erschossen werden, falls niemand etwas verraten würde.“*

Schließlich sollten sieben erschossen werden, er war dabei.

> *„Aber ich lebe noch, wie man sieht. Aus irgendeinem Grund ließen sie uns laufen.“*[47]

Das ist die „humane“ Kriegsführung der Wehrmacht im Osten. Der Führerbefehl, bei Partisanenanschlägen für jeden getöteten deutschen Soldaten 10 Zivilisten sofort zu erschießen, galt nur für den Westfeldzug. In der Sowjetunion setzte Hitler die Zahl auf 50-100 fest. Davon aber kein Wort. Der Autor dieser Seiten, Nils Vollert, hat diese Quelle bei Andrea Gotzes gefunden, die 20 überlebende Zeitzeugen in der ehemaligen Sowjetunion im Frühjahr 2005 besuchte und befragte. Eine verdienstvolle Arbeit, die die Bestialität des Vernichtungskriegs im Osten aber kaum spiegelt. Dafür wäre der Zugriff auf andere, sowjetische Publikationen nötig. Interesse an ihnen bestand im Westen aber weder

---

[46] S.135
[47] Geschichte und Geschehen 5/6, Quelle 10, S.115

zur Zeit des Kalten Krieges noch heute. Die Autoren dürften gründlich gesucht haben, um diese vollkommen atypische Quelle zu finden.

Wenn Leiden und Sterben der Völker der Sowjetunion nicht in das Bewusstsein der nächsten Generation gehoben werden, ist das hochpolitisch. Das Nichtwissen ist eine Voraussetzung dafür, eine Völkerverständigung mit Russland zu unterbinden.

Die Atombomben auf Hiroshima und Nagasaki

„In Europa war der Krieg damit beendet, in Asien dauerte er noch an. Wie von Deutschland forderten die USA auch von Japan eine bedingungslose Kapitulation. Als die japanische Regierung dies zurückwies, entschied sich der amerikanische Präsident Harry Truman zum Einsatz der neu entwickelten Atombombe, Am 6. und am 9. August wurde jeweils eine Atombombe auf die japanischen Städte Hiroshima und Nagasaki geworfen. Daraufhin kapitulierte Japan am 2. September 1945. "[48]

Dass die USA nach dem Abwurf der Atombomben auf die bedingungslose Kapitulation keinen Wert mehr legten und Japan seinen Tenno behalten durfte, darauf bestanden die Japaner nämlich, ist ein erstes Indiz, dass es den USA um etwas anderes ging, um die Demonstration ihrer militärtechnischen Überlegenheit. Die Verhandlungen mit Stalin in Potsdam liefen, ihn wollte man in Schock versetzen.

Ethische Einwände äußerten beteiligte Wissenschaftler wie Einstein und Szilagy, führende Militärs wie Eisenhower, doch die Falken setzten sich durch. Vor dem US-Kongress fiel mit der Demonstration, dass die Bombe funktioniere, die Rechtfertigung leichter, immense Finanzmittel verfeuert zu haben.[49]

---

[48] Geschichte und Geschehen 5/6, s.131
[49] Karl Grobe: http://aixpaix.de/muenchhausen/atombombenabwuerfe.html

Eisenhower: *„ich war überzeugt, dass Japan erstens bereits besiegt und ein Bombenabwurf daher völlig unnötig sei, und es zweitens mein Land vermeiden sollte, die Weltöffentlichkeit durch den Einsatz einer solchen Waffe, der nicht länger damit zu rechtfertigen sei, amerikanische Menschenleben zu retten, zu schockieren. Nach meiner Überzeugung suchte Japan bereits nach Möglichkeiten, mit einem möglichst geringen ›Gesichtsverlust‹ zu kapitulieren.‟*[50]

Admiral William Leahy, als erster Vorsitzender des Vereinigten Generalstabs der höchstrangige amerikanische Militär, schrieb in seinen Memoiren: *„Aus meiner Sicht hat der Einsatz dieser barbarischen Waffe in Hiroshima und Nagasaki unseren Krieg gegen Japan in materieller Hinsicht in keiner Weise unterstützt. Die Japaner waren aufgrund der wirksamen Seeblockade und der erfolgreichen Luftangriffe mit konventionellen Waffen bereits besiegt und zur Kapitulation bereit. Die todbringenden Möglichkeiten atomarer Kriegführung in der Zukunft sind erschreckend. Und meiner Ansicht nach übernahmen wir, indem wir als erste diese Waffe einsetzten, moralische Werte, die denen der Barbaren der dunklen Zeitalter vergleichbar waren. Ich war nicht dazu ausgebildet worden, Kriege dieser Art zu führen, und Kriege können nicht dadurch gewonnen werden, dass man Frauen und Kinder tötet.‟*[51]

Der Strategic Bombing Survey (*USSBS*), im August 1945 von Präsident Truman beauftragt, die Auswirkungen der Luftangriffe auf Japan zu untersuchen, kam im Abschlussbericht vom Juli 1946 zu dem Schluss: *„Auf der Grundlage einer ausführlichen Untersuchung aller Tatsachen und unter Berücksichtigung der Aussagen der überlebenden beteiligten japanischen Führer, vertritt die Untersuchungsgruppe die Auffassung, Japan hätte auch ohne den Abwurf der Atombomben mit Sicherheit vor dem 31. Dezember 1945 und aller Wahrscheinlichkeit nach schon vor dem 1. November 1945 kapituliert. [Dies gilt auch dann,]*

---

[50] Dwight D. Eisenhower, *Mandate for Change, 1953-56, The White House Years, A Personal Account*, 1963, S. 380.
[51] William D. Leahy, *I Was There*, 1979, S. 441.

wenn Russland nicht in den Krieg eingetreten und eine Invasion weder geplant noch angedacht worden wäre."[52]

In Kenntnis dieser Quellen wird deutlich, dass das Schulbuch bei der Rechtfertigung der Atombombeneinsätze der offiziellen Linie der Truman-Administration folgt. Jene stellt einen Zusammenhang mit der japanischen Verweigerung der bedingungslosen Kapitulation her und gibt den Japanern damit – zur Entlastung der USA - eine Teilschuld. Dass nach dem Abwurf Japan „*daraufhin*" kapitulierte, entspricht auch nicht dem Ablauf der Ereignisse. Diese logische Verknüpfung gab es nicht, Japan hatte schon vorher versucht, durch Vermittlung der Sowjetunion in Kapitulationsverhandlungen einzutreten. Daran hatten aber weder die Sowjetunion noch die USA ein Interesse. Der Abwurf machte keinen Eindruck auf das japanische Militär, es war schon am Ende.

Kenntnisreich und umfassend betrachtet Dirk Pohlmann in einem Vortrag den *Hiroshima-Mythos*. Er ist auf Youtube abrufbar.[53]

Aber es geht noch schlimmer. Der absolute Tiefpunkt gelingt den Autoren im Aufgabenteil. Aufgabe 7:

„*Diskutiert, inwieweit die Bombardierung der Zivilbevölkerung in Deutschland und Japan für ein rasches Kriegsende gerechtfertigt war.*"[54]

Die Schüler sollen nicht etwa diskutieren, *ob*, sondern *inwieweit* der Massenmord Tausender Zivilisten in wenigen Minuten gerechtfertigt werden kann. Ist das die westliche Wertegemeinschaft mit ihrer Demokratie, Freiheit und Menschenrechten? Die Aufgabe darf dafür auch gerne manipulativ gestellt werden: „*für ein rasches Kriegsende*".

---

[52] (*United States Strategic Bombing Survey*: »Japans's Struggle to End the War«, 1. Juli 1946, Harry S. Truman Administration, *Elsey Papers*, S. 50 Diese Quellen sind nachzulesen unter: http://www.globalecho.org/augenoffnende-abhandlungen/die-wirklichen-grunde-fur-den-amerikanischen-abwurf-der-atombomben-uber-japan/

[53] Dirk Pohlmann, Der Hiroshima-Mythos. https://www.youtube.com/watch?v=ftYaB-KA7Nkg&t=3689s

[54] Geschichte und Geschehen 5/6, S.133

Geschichtsklitterung. Geschichtsschreibung der Sieger. Tiefer geht's nimmer.

Das wurde schon mal anders dargestellt. Hiroshima im Buch von 1992:

„Als wenige Tage vor der Potsdamer Konferenz der Alliierten (Juli/ August 1945) in der Wüste bei Las Vegas die erste Atombombe in einem Versuch zur Explosion gebracht wurde, konnten die Politiker noch nicht voll abschätzen, welche neue Waffe sie nunmehr in Händen hielten. Präsident Truman erwähnte auf der Potsdamer Konferenz den erfolgreichen Versuch nur beiläufig.
Am 6. August 1945 warf die US-Luftwaffe eine Atombombe über Hiroshima ab. Am 9. August fiel eine zweite Bombe auf Nagasaki. Etwa 152 000 Menschen starben bei den Angriffen, 150 000 wurden verletzt und zum Teil auf Dauer geschädigt. Am 2. September kapitulierte Japan. Der Einsatz der Waffe rückte schlagartig ins Bewusstsein, dass eine neue Dimension der Waffentechnik erreicht war. Das politische und militärische Übergewicht von atomar gerüsteten Staaten würde in Zukunft erheblich größer sein als das von Ländern mit ausschließlich „konventionellen" Waffensystemen."[55]

Damals wurden noch Opferzahlen genannt und ein kurzer Blick auf die Opfer geworfen. Der Text vermeidet, einen unmittelbaren Zusammenhang zwischen Abwurf und Kapitulation herzustellen, den Japanern wird auch keine Teilschuld untergeschoben. Eine Quelle lässt Präsident Truman den Abwurf begründen. Dort spricht er die Ablehnung der Kapitulationsbedingungen seitens Japans an, begründet die Entwicklung der Bombe mit den Forschungsanstrengungen der Feinde, dem Wettlauf mit den Deutschen, dankt Gott, dass Amerika und nicht seine Feinde die ungeheure Verantwortung zu tragen habe und bittet Gott, er möge Amerika *„bei ihrer Verwendung leiten im Sinne seiner Absichten."*
Die dazugehörige Aufgabe des Buchs: *„Mit welchen Argumenten begründete Truman den Einsatz der Atombombe? Nehmen Sie dazu Stel-*

---

[55] bsv Geschichte 4N, S.136

lung." Jede Schulbuchquelle ist stark gekürzt, mit der Auswahl der Stellen steuern die Autoren den Spielraum der Schüler und oftmals auch das Ergebnis. Hier haben sie Trumans religiös gerahmten Rechtfertigungsversuch ausgewählt. Den Schülern wird auf diese Weise eine Distanzierung ermöglicht, wenn nicht sogar nahegelegt. Damit übernehmen die Autoren Trumans Rechtfertigung nicht.

Der Bombenkrieg der westlichen Alliierten gegen deutsche Städte

Wer hinschaut, sieht auch heute noch die Folgen des Bombenkriegs in den deutschen Innenstädten. Charakterlose Beton- und Glasfassaden der 50er – 70er Jahre anstelle der alten Fachwerkgiebel. Die Gründe für diesen Wandel erklärt das Buch folgendermaßen:

„ ... und Bombenkrieg
Aber auch in anderer Hinsicht bekamen die Deutschen die Auswirkungen des Krieges nun deutlich zu spüren. Die Alliierten nutzten ihre Lufthoheit, um gezielt deutsche Großstädte zu bombardieren. Dabei verfolgten sie zweierlei Ziele. Zum einen ging es darum, die deutsche Infrastruktur und kriegswichtige Industrien zu zerstören. Zum anderen wurden Wohngebiete und bevölkerungsreiche Stadtteile in sogenannten Flächenbombardements angegriffen, um die Kriegsmoral der Deutschen und deren Unterstützung des NS-Regimes zu brechen. Diese Bombardierungen von Städten wie Köln, Frankfurt, Essen, Hamburg, Berlin oder Dresden kosteten etwa 500 000 Menschen das Leben."[56]
Zwei Gründe also, *Zerstörung der Infrastruktur und kriegswichtiger Industrien* und das sogenannte *moral bombing*. Die Autoren sprechen

---

[56] Geschichte und Geschehen 5/6, S.131

die Dinge kurz an, aber in einer Weise, die das unsägliche Kriegsverbrechen unsichtbar macht. Der Bombenkrieg der Briten und dann auch der Amerikaner begann 1941 und zog sich bis Mai 1945 hin. Die Hälfte aller Zerstörungen geschah zwischen November 1944 und Mai 1945 aus dem einfachen Grund, weil da die deutsche Luftabwehr zusammengebrochen war und das Risiko für die alliierten Flugzeuge gegen Null ging.

Ein Auszug des Bombenkriegs gegen deutsche Städte von Februar bis April 1945:

	Schwerster Angriff	Zerstörungsgrad
Bayreuth	11.April 45	38 %
Chemnitz	5. März 45	75%; Altstadt 95%
Dessau	7. März 45	80 %
Dortmund	12. März 45	Innenstadt 98%
Dresden	13.-14.Februar 45	Innenstadt 90%
Essen	11. März 45	Innenstadt 90%
Halberstadt	8. April 45	Innenstadt 82%
Hanau	19. März 45	80%; Altstadt 90 %
Hildesheim	22. März 45	Altstadt 90%
Kiel	3.-4. April 45	35-40%
Köln	2. März 45	Altstadt 95%
Mainz	27. Februar 45	80 %
München	7. Februar 45	50 %
Nordhausen	3.4. April 45	74 %
Paderborn	23. März 45	85 %

Pirmasens	15. März 45	Innenstadt 90%
Plauen	10. April 45	75 %
Potsdam	14. April 45	Innenstadt 97%
Wiesbaden	2.-3. Februar 45	22 %
Würzburg	16. März 45	82%; Altstadt 90%
Zerbst	16. April 45	80 %
Zweibrücken	14. März 45	80%, Altstadt fast ganz

Man beachte, die Liste betrifft nur Städte, die in den letzten drei Kriegsmonaten zerbombt wurden. Unser Buch weiß nur von Großstädten, eine lange Liste kleiner Städte mit wenigen zehntausend Einwohnern erwischte es aber auch[57] genauso wie Kulturgüter, z. B. Schlösser auf dem flachen Land.[58]

Die Royal Air Force hatte einen speziellen Reiseführer herausgegeben, *The Bomber's Baedeker*.[59] Dann mal guten Flug!

Für die Planung zeichnete der berüchtigte Oberbefehlshaber des RAF Bomber Command verantwortlich, Arthur Harris, später Sir Arthur Harris. Das „*area bombing*" hatte er 1923 im Irak gelernt. Wann immer Unruhen gegen die britische Besatzung des Zweistromlandes aufkamen, die Air Force schickte sofort zwei Staffeln dahin und sorgte für die Befriedung. Harris: „*Die Araber und Kurden wissen jetzt, was ein echter Bombenangriff an Opfern und Schäden bedeutet. Innerhalb von fünfundvierzig Minuten kann ein ganzes Dorf praktisch ausgelöscht und ein Drittel seiner Einwohner getötet oder verletzt werden.*" Nach

---

[57]https://de.wikipedia.org/wiki/Liste_von_Luftangriffen_der_Alliierten_auf_das_Deutsche_Reich_(1939%E2%80%931945)

[58] https://de.wikipedia.org/wiki/Liste_zerst%C3%B6rter_Schl%C3%B6sser#Deutschland

[59] The Bomber's Baedeker (Guide to the Economic Importance of German Towns and Cities) , 2nd (1944) Edition. Part I Aachen – Küstrin, Part II Lahr - Zwickau

dem Feuersturm in Hamburg sagte er: „*In spite of all happened in Hamburg, bombing proved a comparatively human method.*" Nun, für die Piloten mag das sogar zutreffen.

Eine eindrückliche Schilderung des Bombenkrieges hat Jörg Friedrich mit seinem Buch „*Brand*" vorgelegt. Die Alliierten bauten in Arizona deutsche Häuser nach, um zu testen, welche Bombentypen alle Stockwerke durchschlagen und das gesamte Haus unbewohnbar machen konnten. Sie experimentierten, wie ein Feuersturm ausgelöst werden konnte. Bei einem Feuersturm entstanden so hohe Temperaturen, dass sämtlicher Sauerstoff, auch aus den Kellern, ins Feuer gesogen wurde. Die dorthin geflüchteten Menschen erstickten. Das gelang nur ein knappes Dutzend Mal, beispielsweise in Pforzheim, einer Schmuck- und Goldstadt am Rande des Schwarzwaldes, am 23.2.1945 von 379 britischen Bombern in 22 Minuten in Schutt und Asche gelegt. Nachgeworfene Phosphorbomben sorgten dafür, dass auch die Straßen brannten, mit Temperaturen an die 1000°C. So konnte keine Feuerwehr mehr ausrücken. Auch das hatte Harris schon im Irak ausprobiert. Pforzheim war ein dankbares Ziel, weil die Stadt vom Krieg bis dahin völlig verschont geblieben war. Da konnte eine neue Technik getestet werden, in Köln, das über tausend Luftangriffe erlebt hatte, wäre es nicht mehr gegangen, die Stadt war schon platt. Kriegsentscheidend war das nicht mehr. Die Sprengung von Staumauern der Talsperren übten die Briten auf den schottischen Seen, um den richtigen Abwurfpunkt zu finden. Eine von einem Tiefflieger abgeworfene Sprengbombe hüpfte einige Male auf dem Wasser auf, bevor sie an der Stauwand explodierte. Da kam es auf Präzision an. Die Edertalsperre ist ein erfolgreiches Beispiel, die Flutwelle ergoss sich ins Tal, schwemmte vier Dörfer weg und kam vor Kassel zum Stehen. Das Wasser war weg. Die Möhnetalsperre erwischte es auch, bei der Sorpetalsperre verpassten die Flieger den richtigen Anflugwinkel, deshalb wurde das Ziel, dem Ruhrgebiet das Wasser abzudrehen, nicht erreicht. [60]

---

[60] Jörg Friedrich, Brand. Deutschland im Bombenkrieg 1940 - 1945, München 2002

Ein Thema, das in Russland sehr wichtig ist, fehlt in unseren Schulbüchern gänzlich:

Die zweite Front

Seit dem Überfall auf die Sowjetunion im Juni 1941 forderte Stalin von den Briten und Amerikanern, im Westen eine zweite Front zu errichten, um die Deutschen zur Verlegung von Truppen von der Ostfront weg in den Westen zu zwingen. Roosevelt war dem nicht grundsätzlich abgeneigt, doch Churchill schaffte es, ihn davon abzubringen. Die extremen Verlustzahlen der Sowjetunion und die damit im Vergleich wenigen Toten der USA und Großbritanniens erklären sich so. Erst mit der Landung in der Normandie am 6. Juni 1944, ein knappes Jahr vor Kriegsende, gingen die Westalliierten in den Bodenkampf in Mitteleuropa. Es wurde auch Zeit, denn die Russen standen inzwischen dicht vor der Grenze des Reiches, hätte man länger gewartet, wäre man das Risiko eingegangen, die Russen demnächst am Rhein oder gar in Paris stehen zu sehen. Und da wollte man sie nicht haben. In Russland ist dieses Abwarten der Westalliierten im historischen Gedächtnis.[61] Der Westen feiert jedes Jahr den D-Day als Tag der Kriegswende, die Präsidenten Frankreichs, der USA und Großbritanniens haben in den letzten Jahren sogar den deutschen Kanzler bzw. Kanzlerin dazu geladen, man ist ja in der NATO verbündet. Den russischen Präsidenten aber dazu zu bitten, auf die Idee ist noch niemand gekommen. Die Sowjets waren in der Normandie ja nicht dabei.
Die Verweigerung, der sowjetischen Forderung nach einer zweiten Front nachzukommen, wirft ein frühes Licht auf den folgenden Kalten Krieg und auf die Teilung der Welt in Ost und West. Im Schulbuch

---

[61] Sehr instruktiv zum Thema Valentin Falin, Botschafter in Bonn 1971-1978: Zweite Front. Die Interessenkonflikte in der Anti-Hitler-Koalition. Droemer Knaur, München 1995

spielt das keine Rolle, es könnte die Vorstellung relativieren, dass die Politik der Westmächte von moralischen Grundsätzen geleitet gewesen sei.[62] Gelegentlich wird die versuchte Landung der Alliierten bei Dieppe am 19.4.1942 als Beweis der guten Absicht angeführt, die Briten und Amerikaner hätten sehr wohl eine zweite Front eröffnen wollen, seien dazu aber militärisch nicht in der Lage gewesen. Jaques Pauwels verweist auf die für eine Landung völlig ungeeignete Steilküste bei Dieppe und hält den Versuch für eine reine Alibiaktion, bei der Churchill keine britischen, sondern kanadische Soldaten in ein sinnloses Kommando schickte. [63]

Die Unterstützung der amerikanischen Industrie für Deutschland bis zur Landung in der Normandie

Dieses Thema ist im Schulbuch ebenfalls nicht existent, denn die universitäre Wissenschaft hat es weitgehend gemieden. Literatur zu finden ist mühsam. Antony Sutton, Jaques Pauwels und Hermann Ploppa haben erstes Licht in das Dunkel getragen,[64] eine systematische Aufarbeitung steht aber noch an. Trotzdem sollte dieses Thema im Geschichtsbewusstsein präsent sein, denn es zwingt dazu, die Antwort auf die

---

[62] Einen kurzen Überblick bietet Jacques R. Pauwels: http://www.luftpost-kl.de/luftpost-archiv/LP_12/LP15412_310812.pdf

[63] Jaques Pauwels, Die zweite Front der westlichen Alliierten im Zweiten Weltkrieg: Warum wurden vor siebzig Jahren, am 19. August 1942, bei Dieppe so viele kanadische Soldaten geopfert?
Abrufbar unter: https://www.luftpost-kl.de/luftpost-archiv/LP_12/LP15412_310812.pdf

[64] Antony C. Sutton: Wall Street und der Aufstieg Hitlers, Perseus Verlag Basel 2008, 205 Seiten
https://www.rubikon.news/artikel/die-faschismus-macher;

Frage nach den Motiven für den Zweiten Weltkrieg zu erweitern und auch das Interesse des Kapitals an einem langen Krieg zur Kenntnis zu nehmen.

Im US-Kongress und in den Wirtschaftsunternehmen gab es zwei Frak-tionen, eine „isolationistische" Mehrheit, die die USA aus dem Krieg heraushalten wollte, und eine „interventionistische" Minderheit, die für eine militärische Unterstützung Großbritanniens eintrat. Die Machtver-

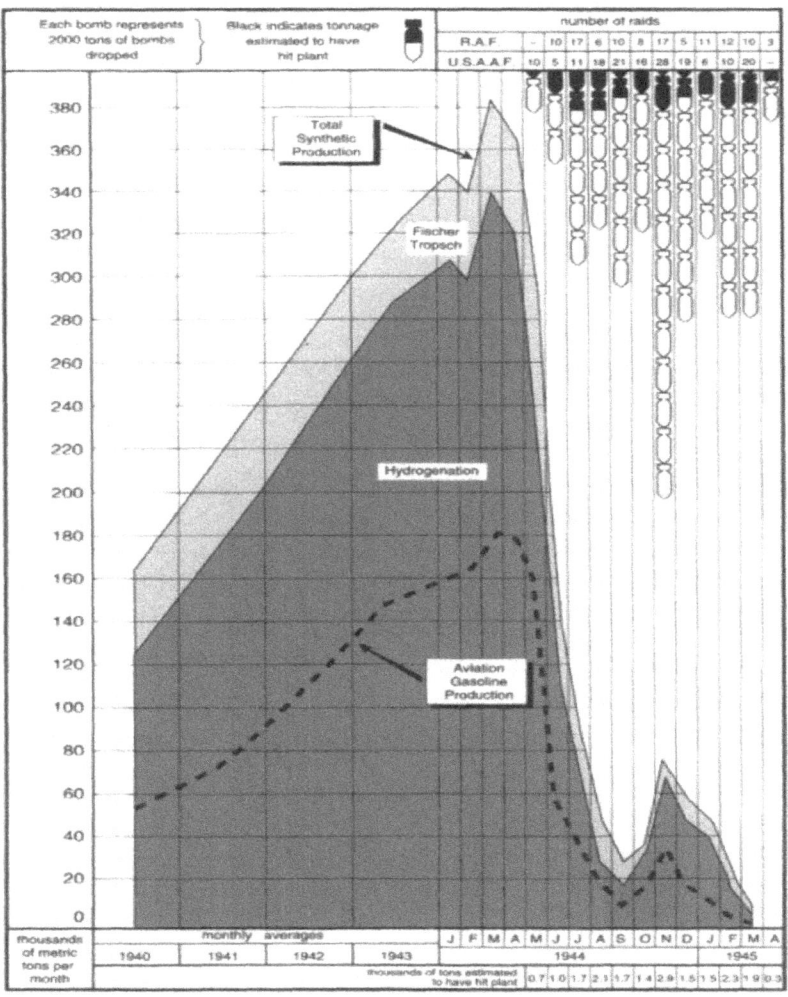

Chart 8
Total German Synthetic Fuel Production, 1940–1945

hältnisse drehten sich erst im Laufe des Jahres 1941. Wer zu welcher Fraktion neigte, hing stark von den jeweiligen Geschäftsbeziehungen ab. Grundsätzlich, so Jaques Pauwels, war den amerikanischen Wirtschaftsführern der Umgang Hitlers mit den Gewerkschaften sehr sympathisch.[65] Im eigenen Land führten sie einen erbitterten Kampf gegen Roosevelts New Deal und seine sozialen Implikationen. Sie sahen die Freiheit des Unternehmertums, den *american way*, in Gefahr. Die Standard Oil Company hatte die ganzen 30er Jahre eng mit der I.G. Farben kooperiert und ihr für den Krieg Patente zur Herstellung synthetischen Öls zur Verfügung gestellt. Damit konnte die Produktion in Leuna-Bitterfeld beginnen. Für die Motoren gen Osten brauchte die Wehrmacht Treibstoff, und an die Ölfelder im Nahen Osten kam man nicht heran. Der obige Chart zeigt sehr gut, dass die Produktionsstätten in dem Moment unter Beschuss gerieten, als die Briten und Amerikaner mit eigenen Truppen gegen die deutsche Wehrmacht in die Schlacht zogen.[66] Die Bombardierung und Zerstörung der deutschen synthetischen Treibstoffproduktion setzte im Mai 1944 ein, die Landung in der Normandie erfolgte begann am 6. Juni 1944. Autor ist Richard G. Davis, er arbeitet als beim GPO, dem US Government Printing Office, das der Kongress 1861 gegründet hatte, um der amerikanischen Öffentlichkeit authentische und sichere Regierungsdokumente zugänglich zu machen, wie es auf der Website heißt.[67] 1993 veröffentlichte er *Carl A. Spaatz, Air War in Europe*, das sich ausführlich mit dem Luftwaffenge-neral Spaatz beschäftigt. Davis liefert einen detaillierten Überblick über das Wirken von Carl A. Spaatz, den ranghöchsten US-Luftwaffenoffizier im europäischen Einsatzgebiet des Zweiten Weltkriegs, seine Zusammenarbeit mit den Briten und den Bombenkrieg gegen deutsche Städte.

---

[65] Jaques Pauwels, Der Mythos vom guten Krieg. Die USA und der 2. Weltkrieg, Köln 2006, S.30ff.
[66] Chart aus: Richard G.Davis, Carl A. Spaatz, Air war In Europe, Washington 1993, S.506
[67] https://www.gpo.gov/who-we-are/our-agency/history

Solange Die Wehrmacht aber im Osten gegen die Rote Armee kämpfte, bestand offenbar kein Anlass, da hatte das *moral bombing* Priorität. Aber auch da wussten die Westalliierten präzise zu unterscheiden. Das wohl tausendmal angeflogene Köln lag zu Kriegsende in Trümmern, nicht aber die Fordwerke im Norden der Stadt. Sie waren amerikanisches Eigentum.

Ford und General Motors waren wichtige Unternehmen für die deutsche Wehrmacht. Ford stellte seine Produktion nach Kriegsbeginn ganz auf den Krieg um, Transport-Lkw, Motoren, Turbinen für die V2-Rakete und Ersatzteile aller Art. General Motors baute an seinem Standort Rüsselsheim Flugzeuge (Ju-88) für die Luftwaffe und im Werk Brandenburg für die Wehrmacht den berühmten Lkw „Blitz". Zusammen kamen diese beiden amerikanischen Unternehmen für die Hälfte aller Panzer auf.[68]

Der Chemiekonzern du Pont investierte in deutsche Waffenfabriken und profitierte, so vermutet Jaques Pauwels, wie kein anderer von Hitlers Rüstungsprogramm und bedankte sich durch finanzielle Unterstützung der NSDAP.[69]

Da die Reichsregierung das Abführen der Gewinne zu den Mutterkonzernen in den USA verboten hatte, reinvestierten die Unternehmen ihre Gewinne in Deutschland. Der deutschen Rüstung tat das sehr gut.

General Electric war an der AEG über Aktien beteiligt, 70% des Nürnberger Unternehmens waren 1944 kriegsrelevante Produkte. Ernsthaft bombardiert wurde es nicht.[70]

Das Technikunternehmen IBM nannte seinen deutschen Ableger DEHOMAG (Deutsche Hollerith-Maschinen GmbH), dort produzierte es Lochkartensysteme, die wichtig waren für die Volkszählungen 1933 und 1939, mit der die Juden überhaupt erst erfasst werden konnten, und für die KZ-Verwaltung.[71]

---

[68] Pauwels, S.210
[69] Pauwels, S.33-34, Pauwels bezeichnet die Unternehmensführer als Philofaschisten.
[70] Sutton, S.64ff
[71] Pauwels, S.209

Auch ITT ist hier zu nennen. Pauwels: *„Ohne die Ausstattung mit sophisticated Kommunikationstechnologie durch ITT wäre es Deutschland im frühen Stadium des Krieges nicht möglich gewesen, seinen Feinden die tödliche Art der Kriegsführung, bekannt als Blitzkrieg, der hochgradig synchronisierte Angriffe zu Luft und zu Lande erforderte, aufzuladen.“*[72]

Coca-Cola in Essen konnte seinen Umsatz zwischen 1933 und 1939 um das Zwanzigfache erhöhen. Ihr Produkt war der Reichsregierung willkommen, weil die Arbeiter weniger Bier, stattdessen das coffeinhaltige Getränk konsumieren sollten. Als 1940 aus den USA kein Konzentrat mehr geliefert wurde, entwickelte die Essener Filiale das Ersatzgetränk Fanta. Das Geschäft ging weiter.

Pauwels fasst zusammen: *„Ohne amerikanische Fahrzeuge, Motoren, Gummi, Diesel und Schmieröl und ohne state-of-the-art communications und ohne die Informationstechnologie von ITT und IBM hätte der Führer von Blitzkriegen, und somit von Blitzsiegen, nur träumen können.“*[73]

Wer leistete Widerstand?

„Nur wenige Menschen leisteten Widerstand gegen das NS-Regime. Die Nationalsozialisten konnten sich bis Kriegsende der Unterstützung der meisten Deutschen sicher sein. Sich gegen diese Mehrheit und den Staat mit seinem Polizeiapparat zu stellen, verlangte Mut. "
Material D1 *„Stufen abweichenden Verhaltens"* präsentiert nach Detlev J.K. Peukert eine Treppe mit vier Stufen: Nonkonformität, Verweigerung, Protest, Widerstand. Die y-Achse fasst die Spanne von partieller

---

[72] Pauwels, S.209-210
[73] Pauwels, S. 208

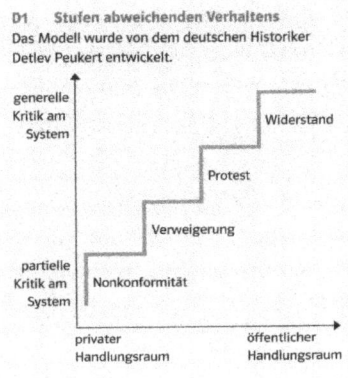

D1 Stufen abweichenden Verhaltens
Das Modell wurde von dem deutschen Historiker
Detlev Peukert entwickelt.

generelle
Kritik am
System

Widerstand

Protest

Verweigerung

partielle
Kritik am
System

Nonkonformität

privater
Handlungsraum

öffentlicher
Handlungsraum

Nach Detlev J. K. Peukert, Die Edelweißpiraten, Köln 1980, S. 236.

bis zur generellen Kritik am System, die x-Achse geht vom privaten zum öffentlichen Handlungsraum.[74]

Sobald ein Thema in einzelne Kategorien zerlegt wird, bekommt es den Anschein von Wissenschaftlichkeit. Dieses Schema bietet jedem, der will, seine Familie im weitesten Sinne dem Widerstand zuzuordnen und bedient damit das klassische Bauchnabelthema der deutschen Befindlichkeit vom Kalten Krieg bis heute.

Nehmen wir als Beispiel meine Familie. Der Großvater stammte von einem großen Bauernhof, wurde Arzt und heiratete meine Großmutter aus einer der reichen Textilfamilien des Münsterlandes. Beide stammten aus dem tiefen Katholizismus und aus der begüterten Schicht. Mein Großvater starb schon in den 20ern, meine Großmutter war strikt gegen die Nationalsozialisten. Sie hatten vier Söhne, der älteste, Arzt, fiel im Dezember 41 vor Moskau, der zweite, ebenfalls Arzt, war Besatzungsoffizier in Frankreich, der dritte kam nach der Weberlehre in die Wehrmacht und anschließend direkt in den Krieg, gefallen 1940 in Lothringen. Der jüngste, mein Vater, wurde mit 17 noch zur Marine eingezogen und erlebte nach einer Verwundung 1944 die Flucht aus Königsberg. Auf dem Totenzettels des dritten Bruders stand oben rechts als Spruch: *Alles für Deutschland, Deutschland für Christus.* Na, sagte ich meinem Vater, das ist ja mal Widerstand! „Ja", sagte er, „das war es durchaus. Die Nazis im Ort schrieben *Für Führer, Volk und Vaterland,* oder *glauben, gehorchen, kämpfen, siegen* oder so etwas. Der Spruch deines Onkels aber war das Motto des ND, des Neuen Deutschland, der katholischen Jugendbewegung, die zur Zeit des Kulturkampfes unter Bismarck gegründet wurde, um zu zeigen, dass auch die Katholiken gut

---

[74] Geschichte und Geschehen 5/6, S.128, nach Detlev J.K.Peukert, Die Edelweißpiraten, Köln 1980, S.236

Deutsche waren. Der Spruch wurde im Dorf durchaus als Zeichen verstanden, dass deine Großmutter mit den Nazis nicht einverstanden war." Wir haben hier eine katholische Familie, die gegen die Nazis war, aber alle vier Söhne in den Krieg ziehen ließ, zwei sind gefallen. Waren sie Täter oder Opfer? War das Widerstand? Kann sich diese Familie in Peukerts Schema im Widerstand unter Nonkonformität verorten?

Zwei Seiten Text, zwei Seiten Materialien, insgesamt 4 Seiten sind dem Widerstand gewidmet, einem Thema, das welthistorisch außerhalb Deutschlands ohne das geringste Interesse ist, ganz im Gegensatz zum Vernichtungskrieg in der Sowjetunion. Der müsste im Sinne der Völkerverständigung und des Perspektivwechsels dringend in die deutschen Köpfe, dann wäre das heute gepflegte Feindbild Russland nicht mehr haltbar. Dann könnten unsere Jugendlichen, unsere Zukunft, Verständnis entwickeln für das russische Sicherheitsbedürfnis gegen eine Bedrohung aus dem Westen.

Mit Namen erwähnt das Buch die seit jeher bekannten Gestalten: Kardinal von Galen, Dietrich Bonhoeffer, Claus Schenk Graf von Stauffenberg, die Geschwister Scholl und den 16-jährigen Edelweißpiraten Bartholomäus Schink. Im Materialteil kommt ein weiterer Edelweißpirat zu Wort, Fritz Theilen aus Köln. Die Edelweißpiraten als Jugendgruppe streichen die Autoren besonders heraus.

Was nicht auffällt, sind die Namen, die nicht genannt werden. Georg Elser war ein Einzelgänger, ein Kunstschreiner, der im Münchner Hofbräukeller am 9. November 1939 ein Attentat auf Hitler durchführte. Das hat in Deutschland im Grunde noch nie interessiert, die Geschichtsschreibung konzentrierte sich lieber auf Kirche und Militär. Zum Attentat vom 20. Juli 1944, einen guten Monat nach der Landung in der Normandie, bemerkte mal ein Spötter, das preußische Junkertum und das adelige Offizierskorps hätten jahrelang den Krieg mitgetragen und seien erst zu dem Zeitpunkt zum Widerstand bereit gewesen, als die russische Artillerie auf ihren Gütern in Ostpreußen und Schlesien schon zu hören war.

Die Rote Kapelle? Harro Schulze-Boysen, Arvid Harnack, Leopold Trepper? Schon mal gehört? Wenn Sie in der DDR aufgewachsen sind, kennen Sie diese Namen des kommunistisch orientierten Widerstands. In unseren Schulbüchern gibt es sie nicht.

Nachkriegszeit

„Die Alliierten standen vor schweren Entscheidungen. Einerseits demontierten vor allem die im Krieg hart mitgenommenen Siegermächte UdSSR und Frankreich industrielle Einrichtungen in Deutschland. Andererseits wussten die Alliierten, dass sie für die Versorgung der deutschen Bevölkerung in ihrer jeweiligen Besatzungszone verantwortlich waren und dafür große Mittel ausgeben mussten."[75]

Weiter geht es mit dem Marshallplan. Die USA sind der große Helfer in der Not. Kapitel zur Potsdamer Konferenz, zu Entnazifizierung und Demokratie und zur uralten, überflüssigen Diskussion von der „Stunde Null" schließen sich an.

Die Gleichsetzung des Leidens der *im Krieg hart mitgenommenen Siegermächte UdSSR und Frankreich* im obigen Zitat ist eine Geschichtsklitterung erster Güte. Man zeige eine einzige französische Stadt, die aussah wie Leningrad, Murmansk, Gomel, Minsk, Witebsk, Stalingrad und so weiter.[76] Die Zahlen der Kriegstoten! Die Gleichsetzung ist eine Frechheit.

1992[77] gab es noch ein Kapitel zur deutschen Situation nach dem Krieg: *„Leben in einem zerstörten Land"*. Schwarzmarktpreise für Lebensmittel, ein Auszug aus der Silvesterpredigt des Kölner Erzbischofs Kardinal Frings vom 31.12.1946, der den Mundraub der Hungernden rechtfertigt. *Fringsen* hieß ab da das neue Verb für Lebensmittelklau.

---

[75] Geschichte und Geschehen 5/6, S.188
[76] Vgl. Seite 55
[77] bsv Geschichte 4N, S.142

Von diesem Leiden der deutschen Bevölkerung ist heute das Geschichtsgedächtnis befreit.

Fazit

Geschichte wird von den Siegern geschrieben. Seit 1945 stehen amerikanische Truppen in Deutschland, ein Abzug ist heute so unwahrscheinlich wie in Zeiten des Kalten Krieges. Im Geschichtsbild unserer Schulbücher spielen die USA die Rolle des Helfers, der moralischen Vormacht der westlichen Wertegemeinschaft. Ihre *Interessen* sind tabu, ihre zynische Politik nur so zart angedeutet, dass sie unsichtbar geworden ist. Ebenso werden die deutschen Verbrechen im Osten Europas behandelt. Das Leiden der Sowjetunion verschwindet nahezu komplett. Natürlich gibt es einen Satz, den die Autoren als Exculpation zitieren werden. Für ein Geschichtsbild braucht es aber Farbe, Bilder, Fakten. Die fehlen hier. Stattdessen wird das Leiden der jüdischen Bevölkerung in epischer Breite entrollt. Das soll tief ins Bewusstsein der Schüler dringen. Und das ist hochpolitisch. Die Täterrolle in der Geschichte gebührt den Deutschen, sie haben in Sack und Asche zu gehen und sonst niemand. Die Opferrolle aber gebührt den Juden und nur den Juden. Andere Opfer wie die Russen, Weißrussen, Ukrainer und Polen müssen dafür ins Dunkel des Vergessens gedrückt werden. Von diesen drei Völkern sind nur die Russen eine Großmacht. Zur Pflege des heutigen *Feindbildes Russland,* ich wiederhole mich, ist ein Ausblenden des russischen Leidens im Zweiten Weltkrieg unverzichtbar.

Der Widerspruch zwischen den Inhalten unserer Schulbücher und den programmatischen Sätzen im Schulgesetz und den *Curricularen Vorgaben*[78] könnte kaum peinlicher sein. Dieses Buch dürfte nach deren Maßstäben gar nicht zugelassen werden.

---

[78] Kerncurriculum für das Gymnasium, Schuljahrgänge 5 – 10, Geschichte. Hannover 2015. S. 6: *Gymnasialer Geschichtsunterricht fördert nicht nur Toleranz – er ermöglicht es, sich auf der Grundlage fundierter Orientierung innerhalb des europäischen Kulturraumes aktiv auf andere, auch außereuropäische Kulturen einzulassen und deren Traditionen und Werte zu verstehen.*

1.3 Vietnamkrieg

Die Rolle Frankreichs in Indochina

Frankreich versuchte nach dem Zweiten Weltkrieg, sein altes Kolonial-
reich wiederzubekommen. Die Kommunisten in Vietnam hatten recht
erfolgreich gegen die Besatzungsmacht Japan gekämpft und wollten
auch die Franzosen nicht mehr sehen. Der Indochinakrieg begann,
Frankreich gab ihn 1954 nach der Niederlage bei Diem Bien Phu verlo-
ren. Die USA übernahmen aus geostrategischem Interesse. 1992 haben
die Schüler das noch erfahren,[79] 2018 brauchen sie das nicht mehr zu
wissen.

Der Marionettencharakter der südvietnamesi-
schen Regierung

*„Die USA befürchteten, dass ganz Vietnam kommunistisch werden
könne und sich somit der Einfluss der Sowjetunion ausbreiten werde. Um dies zu verhindern, unterstützten sie die südvietnamesische
Regierung mit Geld und Beratern."[80]*
Nach dem Abzug der Franzosen fand in Genf die Indochinakonferenz
statt, die für 1956 in ganz Vietnam Wahlen beschloss. Als die anstan-
den, verhinderte sie der südvietnamesische Präsident Diem, denn ein
klarer Sieg der Kommunisten galt in Ost wie West als sehr wahrscheinlich. Diem hatten die USA in Saigon eingesetzt, er war ein militanter
Katholik, der hauptsächlich Katholiken (1,5 Mio.) in Ämter brachte
und repressiv gegen die buddhistische Mehrheit (15 Mio.), v.a. gegen
die Mönche vorging. Als die Lage auch für die USA aus dem Ruder

---

[79] bsv Geschichte 4N, S.139
[80] Geschichte und Geschehen 5/6, S.153

lief, wurde er 1963 umgebracht. In das Mordkomplott waren der US-Botschafter Lodge und die CIA verwickelt. Washington hatte ihn fallengelassen. Solch unfreundliche Details passen nicht in das Bild der freiheitsschützenden westlichen Supermacht.

Der Vietnamkrieg als Symbol für einen Chemiekrieg

Von 1961 bis 1971 führten die USA einen chemischen Vernichtungskrieg, die wichtigsten Stoffe waren Agent Orange und Napalm. Agent Orange enthält Dioxin und entlaubt ganze Wälder, Napalm kann wegen seiner hydrophoben Eigenschaft nicht mit Wasser gelöscht werden, schon kleinste Spritzer verursachen schwere Verbrennungen. Der Chemiekrieg gegen Vietnam ist noch heute in der Bevölkerung Vietnams sichtbar.[81] Das Buch von 1992 durfte das noch erwähnen: *„Die hochentwickelte Kriegsmaschinerie der Amerikaner, die Flächenbombardements und der Einsatz chemischer Kampfmittel blieb* (sic!) *aber auf die Dauer ohne Erfolg gegenüber einem Gegner, der nach der Guerillataktik Mao Zedongs „wie ein Fisch im Wasser" in der Bevölkerung untertauchte und in den unwegsamen Dschungelgebieten nicht zu fassen war."*[82] Weiter spricht das Buch von der *„unfähigen Regierung in Saigon"*, nennt es an anderer Stelle *„Regime"* mit einer *„diktatorischen Neigung"*. Das aktuelle Buch von 2017 spricht nur noch von *„wenig Rückhalt"* und meidet das Wort *Regime*, das heute Regierungen vorbehalten ist, die sich den westlichen Interessen nicht beugen. Die Flächenbombardements dürfen 2017 noch erwähnt werden, aber der Che-

---

[81] Die Hersteller waren Dow Chemical und Monsanto. Dow Chemical hat 1990 das Chemiezentrum der DDR um Bitterfeld, Schkopau und Leuna übernommen, Monsanto ist inzwischen Eigentum des Bayer-Konzerns in Leverkusen und als Hersteller des Glyphosats in der Kritik.
[82] bsv Geschichte 4N, S.139

miekrieg ist weg! Damit lernt der Schüler nicht mehr, wofür der Vietnamkrieg im Bewusstsein der Welt steht.

Seine Bedeutung für die Protestbewegungen der 60er Jahre in den USA und Europa (ein Schlachtruf der 68er: „*Ho-Ho-Ho-Chi-Minh*") fällt dann selbstredend auch unter den Tisch (vgl. S.196 und 200). Wir sehen auch hier: Monströse Kriegsverbrechen der USA werden wie bei Hiroshima auf kindgerecht verdauliche Größe gestutzt.

In Quelle 4 kommt der US-Präsident Johnson zu Wort.

> „*Seit 1954 hat jeder amerikanische Präsident dem Volk von Südvietnam Hilfe angeboten. Wir haben geholfen aufzubauen, wir haben geholfen zu verteidigen. Wir sind auch dort, um die Weltordnung zu stärken. Rund um die Erde leben Völker, deren Wohlergehen zum Teil auf dem Glauben beruht, dass sie auf uns zählen können, wenn sie angegriffen würden. Vietnam seinem Schicksal zu überlassen, würde das Vertrauen aller dieser Völker in den Wert einer amerikanischen Verpflichtung ... erschüttern.*"[83]

Die Aufgabe dazu fordert die Schüler auf nachzuweisen, „*dass der Präsident Johnson die USA als Führungsmacht sah und dementsprechend Entscheidungen traf. Beurteile seine Entscheidungen.*" Konkret bedeutet das für den Schüler, Regierungspropaganda mit eigenen Worten zu wiederholen, den Führungsanspruch der USA zu verinnerlichen und nicht mehr zu hinterfragen. Die US-Politik in Vietnam kritisch zu beleuchten, verhindert eine solche Ablenkung auf Propaganda. Eine Indoktrinationsaufgabe erster Güte.

---

[83] Geschichte und Geschehen 5/6, S.155

1.4 Jugoslawienkrieg

„Die Rückkehr des Krieges nach Europa"
Aber auch Europa blieb von kriegerischen Konflikten nicht ver-
schont. So zerfiel das ehemalige Jugoslawien nach einem blutigen
Bürgerkrieg in den 1990er Jahren in mehrere Nationalstaaten. Der
Zusammenbruch des Kommunismus 1989/90 hatte dort wie in ande-
ren Teilen des ehemaligen Ostblocks das Nationalgefühl bisher un-
terdrückter Völker geweckt. Kroaten, Slowenen, Bosnier, Montene-
griner, Mazedonier sowie Albaner wollten nicht mehr nur politische
Freiheit, sondern strebten auch nach Unabhängigkeit. Da die ver-
schiedenen Ethnien auf dem Balkan jedoch nicht in klar abgrenzba-
ren Gebieten, sondern über viele Regionen verteilt lebten, kam es zu
einem blutigen Bürgerkrieg."[84]

Ein Staat „zerfällt" nicht einfach so. Jahrhunderte lang lebten die süd-
slawischen Völker neben- und miteinander, Ehen über die ethnischen
Grenzen hinweg waren keine Außergewöhnlichkeit. Ob jemand Serbe
oder Kroate war, spielte beim Kirchgang eine Rolle, beim Bäcker nicht
mehr. In den 1940er Jahren fiel ein tiefschwarzer Schatten auf das Zusammenleben. Der von Hitlers Gnaden errichtete Ustascha-Staat unter
Ante Pavelić misshandelte in seinen Konzentrationslagern Muslime
und Orthodoxe. Nach dem Krieg einte Tito das Land mit strenger Hand
erneut und schloss es der *Bewegung der Blockfreien Staaten* an. Auf
wirtschaftlichem Gebiet kam das bei westlichen Banken verschuldete
Jugoslawien in den 80er Jahren über die Hochzinspolitik der Amerikaner ins Straucheln, das führte zu einer Verstärkung des Nord-Süd-Ge-
fälles.[85] 1991 erklärte erst Slowenien seinen Austritt, dann Kroatien.
Die deutsche Bundesregierung förderte den Zerfall mit einer schnellen
Anerkennung der kroatischen Unabhängigkeit. Die beiden Länder öff-

---

[84] Geschichte und Geschehen 5/6, S.256
[85] Zum Krieg in Jugoslawien: https://www.wildcat-www.de/zirkular/52/z52krieg.htm
Eine Grafik zur Hochzinspolitik der Federal Reserve bis auf 19%:
https://en.wikipedia.org/wiki/Federal_Reserve#/media/File:Federal_funds_rate_histo-
ry_and_recessions.png, Abbildung S. 70

neten sich westlichen Konzernen, für die sie wegen ihrer niedrigen Löhne attraktiv waren. Serbien stand traditionell zu Russland, ab 1995 rüstete der Westen die UÇK aus, für die einen eine Terrororganisation, für die anderen die Befreiungsarmee des Kosovo, und der Kosovokrieg zwischen Serben und Albanern begann. Der Autorentext vermeidet jeglichen Hinweis auf ausländische Einmischung. Ohne sie wäre die Entwicklung aber nicht denkbar gewesen.[86]

Der nächste Abschnitt befasst sich mit dem Fall Srebrenica, er endet mit der Feststellung: *„Der internationale Gerichtshof stufte das Massaker von Srebrenica 1995 als Völkermord ein."*

Dann ist Schluss. Dann bricht das Buch abrupt ab und lässt sich mit allgemeinen Formulierungen über die Globalisierung aus. Das ist ein Skandal! Unsere Schüler erfahren nichts vom Jugoslawienkrieg von 1999, der für die deutsche Geschichte aus vier Gründen eine Wasserscheide ist. Erstens ist der Jugoslawienkrieg der erste deutsche Kampfeinsatz deutscher Soldaten seit 1945, der zu bitteren innenpolitischen Auseinandersetzungen führte, weil er gegen Art. 26 GG verstieß. Zweitens war der Krieg ein Verstoß gegen das Völkerrecht. Drittens mutierte die Partei Bündnis 90/Grüne von einer Antikriegs und Anti-NATO-Partei zu einer bellizistischen Kriegspartei, die inzwischen auch gegen Russland ins Feld ziehen möchte. Und viertens verlor die Bundeswehr ihren Verteidigungscharakter, den sie seit ihrer Gründung 40 Jahre

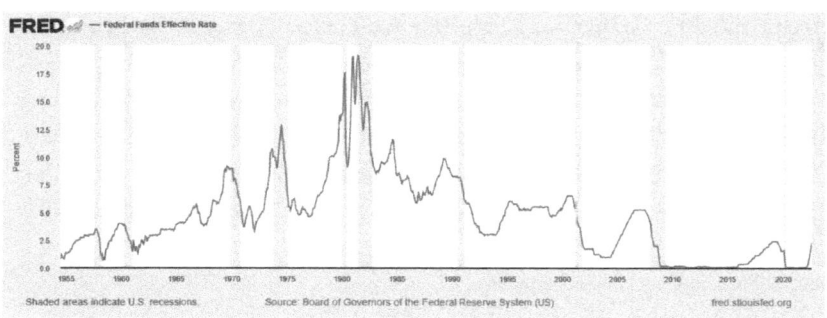

---

[86] Informativ der Vortrag von Hermann Ploppa: https://apolut.net/history-jugoslawien/

betont hatte, und wurde neu ausgerichtet zu einer international einsetz-baren Interventionsarmee. Eine Karte auf der Homepage der Bundes-wehr zeigt die Einsatzgebiete.[87]

Im Mittelmeer befindet sich der *Ständige Minenabwehrverband* im Rahmen der Operation Sea Guardian, 300 Soldatinnen und Soldaten überwachen das Waffenembargo vor der libyschen Küste, der *Ständige Marineverband SNMG 2* sorgt vor der afrikanischen Küste für Sicher-heit.

Im Nahen Osten verteidigt die Bundeswehr im Irak und im Libanon die westlichen Werte, aus Afghanistan und dem Jemen hat sie sich inzwi-schen zurückgezogen, sie sind auf der Karte nicht mehr verzeichnet.

In Afrika überwacht sie den Waffenstillstand in Westsahara, ist in Mali, dem Südsudan und dem Niger im Einsatz. In Somalia ist sie auch schon gewesen.

Neuerdings stärkt sie die Sicherheit Europas und der NATO in Rumä-nien, der Slowakei, Polen, Litauen, Lettland und Estland, in Litauen sogar kommandoführend.

Zurück zum Jugoslawienkrieg. Vom 24. März bis 9. Juni 1999 zerlegte die NATO mit deutscher Beteiligung die Infrastruktur des serbischen Staates. Die Gebäude des serbischen Rundfunks, der Fernsehturm in Belgrad, Umspannwerke, Teile der Wasserversorgung wurden zerstört. Der Angriff auf das Chemie-Großkombinat Pancevo bei Belgrad setzte eine große Giftwolke frei, das Wasser wurde verseucht. Als Warnung Richtung Peking bekam auch die chinesische Botschaft einen explosi-ven Gruß, fünf 2000 Pfund schwere Präzisionsraketen.[88] Der Einsatz abgereicherter Uranmunition im Kosovo ist ein bleibendes Kriegsver-brechen eigener Güte.

Um die deutsche Bevölkerung hinter diese Politik zu bringen, griff die Bundesregierung zu einer Reihe von Lügen. Der serbische Präsident

[87] https://www.bundeswehr.de/de/einsaetze-bundeswehr
[88] https://de.wikipedia.org/wiki/Bombardierung_der_chinesischen_Botschaft_in_Bel-grad

Milošević wurde als neuer Hitler dämonisiert. Auf dem Sonderparteitag der Grünen in Bielefeld im Mai holte der Außenminister Fischer, über ihm das Parteitagslogo *„Frieden und Menschenrechte vereinbaren"*, die ultimative Keule heraus: *„Auschwitz ist unvergleichbar. Aber ich stehe auf zwei Grundsätzen, nie wieder Krieg, nie wieder Auschwitz, nie wieder Völkermord, nie wieder Faschismus. Beides gehört bei mir zusammen"*. Dafür bekam er Pfiffe, einen Farbbeutel ans Ohr und die Mehrheit für den Krieg.

Schon am 28.3.1999 vermeldet der Verteidigungsminister Scharping, dass es ernst zu nehmende Hinweise auf Konzentrationslager im Kosovo gebe, am 7.4. stellt er den vermeintlich authentischen *„Hufeisenplan"* vor, demzufolge die Serben den Kosovo einkesseln und von Albanern räumen würden. Monate später stellte sich das Dokument als Fälschung des bulgarischen Geheimdienstes heraus. Das Massaker von Rugovo - frei erfunden! Der deutsche General Hans Loquai hat sich bei der Aufklärung sehr verdient gemacht, ebenso der WDR mit seiner Dokumentation *Deutschlands Weg in den Kosovo-Krieg – Es begann mit einer Lüge.*[89]

Deutschland beteiligte sich mit 14 Aufklärungs- und elektronischen Kampfaufklärungsflugzeugen in 428 Einsätzen, 200 deutsche Raketen nahmen serbische Radarstellungen unter Beschuss. Die Fregatte Rheinland-Pfalz, später abgelöst vom Zerstörer Lütjens, patrouillierte in der Adria. Damit war der Damm gebrochen, in der Folgezeit ging die Bundeswehr zum Einsatz nach Afghanistan, in den Sudan, Mali, Irak usw.[90]

Gegen den Bundeswehreinsatz in Jugoslawien stellte ein Privatmann am 06. April 1999 im Auftrag der "Augsburger Friedensinitiative" Strafanzeige. Doch die Generalstaatsanwaltschaft ließ das Verfahren nicht zu. Als Begründung wurde angeführt, dass die Bundesregierung sich nicht in der Absicht beteilige, das "friedliche Zusammenleben der Völker zu stören", sondern "eine völker- und menschenrechtswidrige

---

[89] https://www.youtube.com/watch?v=ZtkQYRlXMNU
[90] https://www.dbwv.de/aktuelle-themen/einsatz-aktuell/beitrag/im-ueberblick-die-wichtigsten-einsaetze-der-bundeswehr. Loquai kommt darin zu Wort. Die Karte ist entnommen von: https://www.bundeswehr.de/de/einsaetze-bundeswehr

Unterdrückung und Vertreibung der Kosovo-Albaner abzuwenden und zu beenden." Eine Verfassungsklage der PDS (später „Die Linke") wies das Bundesverfassungsgericht ab.[91]

Von all diesen politischen Entwicklungen erfährt der Schüler: nichts. Der Autor ist uns von der Darstellung des Ersten Weltkriegs schon bekannt: Prof. Michael Epkenhans, Leitender Wissenschaftler am Zentrum für Militärgeschichte und Sozialwissenschaften der Bundeswehr in Potsdam und Stellvertreter des Kommandeurs. Auch bei diesem NATO-relevanten Thema darf dieser von der Bundeswehr bezahlte Wissenschaftler also darüber befinden, was unsere Jugend wissen soll und was nicht.

---

[91]https://www.bundesverfassungsgericht.de/SharedDocs/Entscheidungen/DE/1999/03/es19990325_2bve000599.html

1.5 9/11

Unter der Überschrift *„Islamistischer Terrorismus"* werden die Täter des Anschlags vom 11.September 2001 klar benannt: das Terrornetzwerk Al-Qaida. Der Absatz schürt tiefes Misstrauen gegenüber der islamischen Welt:

> *„Die Attentäter verübten die Anschläge aus einer grundsätzlichen Ablehnung westlicher Wertevorstellungen. In einer radikalen Auslegung des Koran beriefen sie sich darauf, den Islam weltweit ausbreiten zu wollen."*[92]

Die Logik des Gedankens ist *Islam – Koran – Terrorismus – Türme*. Dass die Täter irgendwelche Rechtfertigungen oder Bekenntnisse zu den Anschlägen hinterlassen hätten, findet sich in der Literatur zu 9/11 nirgends. Die Rede von der *grundsätzlichen Ablehnung westlicher Wertevorstellungen* ist eine obszöne Behauptung ohne Beleg. Die Erklärungen der Bush-Regierung werden eins zu eins als Wahrheit gesetzt. Spektakulär dabei ist, dass Al-Qaida und Bin Laden schon am nächsten Tag, am 12. September, in den Zeitungen der USA, Europas und Australiens als sichere Täter identifiziert werden konnten, ohne forensische Untersuchung. Die Presse bekommt ihre Meldungen von den großen Nachrichtenagenturen AP (Associated Press, USA), Reuters (England) und AFP (Association France Press). Die Washington Post[93] meldet am Tag danach nachrichtendienstliche Hinweise auf das Bin Laden Netzwerk (Intelligence Points to Bin Laden Network), The Denver Post[94] sieht ihn an der Spitze der Verdächtigen (Terrorist Bin Laden Tops the Suspects), ebenso der Boston Globe,[95] selbstredend auf der Titelseite. Das ging aber schnell!

---

[92] Geschichte und Geschehen 5/6, S. 258
[93] https://i.insider.com/5b96854364dce83a008b5a58?
width=1000&format=jpeg&auto=webp
[94] https://www.denverpost.com/wp-content/uploads/2018/09/dp-cover-sept-11-2001.jpg
[95] https://www.bostonglobe.com/resizer/DY4Hj68FG9Zesm8k3T07VKMt11E=/arc-anglerfish-arc2-prod-bostonglobe/public/627QCTJKRRD5RALAIEPT74RKA4.gif

Kritische Fragen zu stellen verbietet sich das Schulbuch, den Einsturz eines dritten Hochhauses an Nachmittag, WTC 7, verschweigt es wie unsere Zeitungen und öffentlich-rechtlichen Medien auch. Wer von WTC 7 nicht spricht, will nicht aufklären, will keine mündigen Bürger heranziehen, sondern betreibt Propaganda, die Propaganda der Bush-Administration, die Propaganda des Wertewestens.

Immerhin hat sich der Autor die folgenden Kriege nicht als zwangsläufige Folge zu eigen gemacht., sondern referiert die US-Sicht. *Krieg als Antwort auf den Terror* heißt die Überschrift:

„Auf die islamistischen Anschläge antworteten die USA und ihre Verbündeten mit Krieg gegen jene Länder, die sie dafür verantwortlich machten. Seit 2001 führen sie Krieg in Afghanistan, da das dortige Regime der Taliban den Anführer der Terrororganisation al-Qaida unterstützt hatte."

Damit unterstellt er dann doch eine irgendwie geartete Mitverantwortung Afghanistans am Anschlag vom 11. September. Und weiter:

„2003 stürzten die USA den irakischen Diktator Saddam Hussein, dem sie vorwarfen, den Terror zu unterstützen und den sie fälschlicherweise verdächtigten, mithilfe von Massenvernichtungswaffen seine Macht im Nahen Osten ausweiten zu wollen. Der Krieg im Irak brachte jedoch nicht die von den USA erhoffte Demokratisierung des Landes. Vielmehr führte er zu anhaltender Instabilität und Bürgerkrieg."

Wer genau liest, merkt, dass mit dem Attribut *fälschlicherweise* nicht etwa dem Besitz von Massenvernichtungswaffen widersprochen wird, sondern nur der Absicht, mit ihnen Machtpolitik im Nahen Osten betreiben zu wollen. Dass der Irak aber gar keine hatte, sollte mittlerweile Allgemeinwissen sein.

Dann folgen Hinweise auf Terrorbekämpfung in Mali, Syrien, Libyen und Somalia: *„Völkerrechtlich sind diese Einsätze umstritten."* Nein, sind sie nicht! Sie sind ein eindeutiger und klarer Verstoß gegen Artikel

2 der UN-Charta, der Angriffskriege verbietet.[96] Das Buch beteiligt sich an der Strategie der westlichen Wertegemeinschaft, rechtlich eindeutige Abkommen, die ihren Interessen im Wege stehen, als *umstritten* zu bezeichnen. Diese Taktik begann mit dem Jugoslawienkrieg und scheint im westlichen Narrativ Standard geworden zu sein.

Die hier zitierten Stellen sind alles, was der Schüler von heute über die Kriege in Afghanistan und dem Irak zu wissen braucht. Er lernt, dass die USA sie geführt haben, um Terrorismus zu bekämpfen und diesen Ländern die Demokratie zu bringen. Dass diese Kriege Hunderttausenden das Leben gekostet hat, braucht er nicht zu hören, ganz zu schweigen von den wirtschaftlichen und geostrategischen Interessen der USA.

Die Folgen von 9/11 für die US-Bevölkerung sind ebenfalls komplett ausgeblendet. Der Patriot Act wird dem Kongress vorgelegt und am 21.10. Gesetz. Es ist ein dicker Schinken von 342 Seiten, und Joe Biden brüstet sich später vor dem Senat, er habe ihn 1994 auf die Schiene gebracht, das Video ist bei *konjunktion.info* abrufbar.[97] Der Patriot Act schränkt die Freiheitsrechte in einer Weise ein, dass er Erinnerungen weckt an die *Verordnung des Reichspräsidenten zum Schutz von Volk und Staat („Reichstagsbrandverordnung") 28.2.1933.* Hausdurchsuchungen werden ohne Wissen der Betroffenen möglich, die Telekommunikation und das Internet dürfen ohne richterlichen Beschluss überwacht werden, das Justizministerium kann Vereinigungen als terroristisch einstufen, das FBI Bankkonten einsehen. Er ist noch immer in Kraft.

Mit der Gründung des U.S. Department of Homeland Security erreicht die Überwachung der Bürger ein neues Niveau, die neoliberale Privatisierung dringt verstärkt in den Sicherheitssektor. Naomi Klein hat das eindrücklich in ihrem klassisch gewordenen Werk *Die Schock-Strategie* beschrieben: *„Unter Präsident Bush hat der amerikanische Staat noch*

---

[96] Diesen Punkt betont Daniele Ganser wieder und wieder: Daniele Ganser, Illegale Kriege. Zürich 2017
[97] https://www.konjunktion.info/2020/12/gesellschaft-false-flag-operation-zur-staatlichen-kontrolle-des-internets-voraus/ (nach unten scrollen!)

alle äußeren Merkmale und Insignien eines Staatswesens – imposante Gebäude, Pressegespräche im Weißen Haus, politische Schlachten -, aber er widmet sich genauso wenig der eigentlichen Arbeit des Regierens wie die Beschäftigten im Nike-Hauptquartier in Beaverton Laufschuhe zusammennähen."[98]

Meiner Kritik könnte entgegengehalten werden, auf dem beengten Raum eines Schulbuches, das von der Weimarer Republik bis in die Gegenwart reicht, sei zu wenig Platz für den Afghanistan- und Irakkrieg. Es ist immer die Auswahl. Urlaub und Freizeit der Bundes- und DDR-Bürger darf eine halbe Spalte füllen, Gabriele Iachni und Salvatore Crapanzano (zwei Gastarbeiter der 60er Jahre) erinnern sich eine halbe Seite lang, Udo Lindenberg an Elvis (Viertelseite)[99], *„Zeitzeugen befragen"* (*Kompetenztraining*) bekommt eine Doppelseite. Die Musterlösung informiert, dass Herr Hauschild, Jahrgang 1955, als Kind in einer Dreizimmerwohnung wohnte, der Vater oft in den Schrebergarten nach Endenich gefahren ist und abends nach der Quizshow die Ziehung der Lottozahlen sah. Mittagessen gab´s um Zwölf. Fleisch, Kartoffeln, Gemüse, manchmal Schokoladenpudding, meist eingemachte Pflaumen oder Kirschen aus dem Garten. So lebensnah kann Geschichtsunterricht sein. Eine Doppelseite.

Wer hätte keine Fragen, wenn das öffentlich-rechtliche Fernsehen anstelle des DFB-Pokalfinales die norddeutschen Dart-Meisterschaften (Junioren B, nur alkoholfreie Getränke) aus einer Hamburger Kneipe übertragen würde?

---

[98] Naomi Klein, Die Schock-Strategie. Der Aufstieg des Katastrophen-Kapitalismus. 2007. Deutsche Ausgabe Hamburg 2021³, S.588. Die Privatisierung der Sicherheit v.a. im Kapitel 20
[99] Geschichte und Geschehen 5/6, S. 220-221

1.6 Der Terror der Rote-Armee-Fraktion (RAF)

Drei Generationen unterscheidet das Buch. Die erste Generation wird ordentlich dargestellt. Bombenanschläge auf Kaufhäuser, US-Einrichtungen und den Axel-Springer-Verlag, Gudrun Ensslin und Andreas Baader werden genannt, Ulrike Meinhof nicht.

Bei den Morden der zweiten Generation an Siegfried Buback, Jürgen Ponto und Hanns-Martin Schleyer nimmt letzterer den breitesten Raum ein, zu Recht, hielt doch dieser Entführungsfall die deutsche Öffentlichkeit über Wochen in Atem.

Wer Buback ermordet hat, ist nicht so eindeutig, wie es scheint. Sein Sohn Michael Buback, Chemieprofessor in Göttingen, publizierte zwei Bücher, in denen er akribisch nachweist, dass die für die Tat Verurteilten nicht am Tatort waren, und dass Verena Becker die tödlichen Schüsse auf seinen Vater abgegeben hätte. Die sei aber damals informelle Mitarbeiterin des Verfassungsschutzes gewesen, der sie gedeckt und ihr Flucht in die DDR ermöglicht habe.[100]

Die Darstellung der dritten Generation beschränkt sich auf allgemeine Aussagen:

> *„Weitere Anschläge und zahlreiche Morde gegen Vertreter aus Politik, Wirtschaft und Gesellschaft folgten über die Jahre, ohne dass die RAF das politische System der Bundesrepublik nachhaltig schädigen konnte."*[101]

Opfer namentlich zu nennen, hält Martin Thunich, Autor dieser Seiten, nicht für nötig. Und gerade hier wäre es spannend geworden.

Alfred Herrhausen und Detlev-Carsten Rohwedder sind die prominentesten Opfer, beide Morde hatten größten Einfluss auf die weitere Entwicklung der Bundesrepublik.

---

[100] Michael Buback, Der zweite Tod meines Vaters. Knaur 2017
derselbe: "Der General muss weg!": Siegfried Buback, die RAF und der Staat. Osburg Verlag 2019
[101] Geschichte und Geschehen 5/6, S. 200

Herrhausen, dem Vorstandschef der Deutschen Bank, wird eine Falle gestellt. Mit einer Lichtschranke löste sein gepanzertes Auto ein Geschoss vom Seitenrand aus. Technisch hoch anspruchsvoll, setzte diese Konstruktion intimste physikalische Kenntnisse voraus, die nur ein großer Apparat durch eine Reihe von Experimenten erwerben kann. Mit den Bomben und Kaufhausbränden der ersten RAF-Generation hatte das soviel zu tun wie ein römischer Streitwagen mit einem Leopard-Panzer.

Alfred Herrhausen wollte die Deutsche Bank zum globalen Player machen und den amerikanischen und japanischen Großbanken eine europäische zur Seite stellen. Gleichzeitig übernahm er soziale Vorstellungen des auch von der RAF ermordeten Jürgen Ponto: eine Entschuldung von einigen Staaten der Dritten Welt, die nicht einmal die Zinsen ohne Neuverschuldung bedienen konnten. Beide Ziele verband er geschickt, denn die Deutsche Bank hatte ihre Kredite in Unterschied zu den amerikanischen viel besser abgesichert, eine Entschuldung hätte die Bilanzen der Deutschen Bank nicht gefährdet. Das sah bei den Amerikanern ganz anders aus. Für sie bedeutete Herrhausens öffentliches Eintreten für eine Entschuldung eine ernste, wenn nicht gar existentielle Bedrohung. Nach seiner Ermordung richtete sich die Deutsche Bank neu aus: Sie konzentrierte sich auf die Neuen Länder der Ex-DDR und ließ die Finger von globalen Ambitionen.[102]

Rohwedder wird von einem Präzisionsschützen aus 60 m Entfernung im ersten Stock seines Hauses in Düsseldorf mit dem ersten Schuss tödlich in den Rücken getroffen. Die Kugel zerfetzte seine Hauptschlagader. Nur die Fenster im Erdgeschoss hatten Panzerglas, die im Obergeschoss nicht. Seine Frau war als Zeugin im Raum.

Rohwedder, SPD-Mitglied, hatte in den 80er Jahren den maroden Stahlkonzern Hoesch saniert und dabei die Interessen der Beschäftigten

---

[102] Ein Artikel von Ernst Wolff dazu bei https://www.heise.de/tp/features/Der-Mord-an-Alfred-Herrhausen-4599721.html
Die offizielle Version bei der Bundeszentrale für politische Bildung ist abrufbar unter:
https://www.bpb.de/kurz-knapp/hintergrund-aktuell/196955/vor-30-jahren-ermordung-von-alfred-herrhausen/

im Blick gehabt. Deshalb galt er als Idealbesetzung für den Chefposten der Treuhandanstalt, die die DDR-Betriebe in private Hand überführen sollte. Nach seiner Ermordung folgte ihm Birgit Breuel und damit eine Neuausrichtung der Treuhand. (Ihr Vater, der Hamburger Privatbankier Alwin Münchmeyer, schreibt in seiner Autobiographie, er habe im 1939 im Zuge der Arisierung das Geschäftshaus der jüdischen Familie Rappolt günstig erstanden). Eigentlich sollte die Treuhand sozialverträglich sanieren und dann privatisieren. Rohwedder legte auf den ersten Teil sein Augenmerk, die Privatisierung kam deshalb nur zögerlich voran. Ausländische Investoren hielten sich zurück. Mit Breuel wurde das anders. Die Arbeitnehmerinteressen fielen unter den Tisch, die Kosten übernahmen der Steuerzahler und die Sozialkassen, die Abwanderung aus den Neuen Ländern zu den Arbeitsplätzen im Westen begann. Die DDR-Betriebe gingen zu 94% in westdeutsche, britische und US-amerikanische Hände. Vor allem angelsächsische Investoren hatten Kritik an Rohwedder geübt.

Der Historiker hat seine Probleme mit der dritten RAF-Generation:
Erstens sind die Täter nie identifiziert worden. Nicht der kleinste Hinweis auf sie wurde gefunden, keine DNA-Spuren, nichts. Alle Angaben kommen von den Geheimdiensten, nichts wurde gerichtlich überprüft.
Zweitens setzte die Perfektion der Anschläge hohe Professionalität im Umgang mit Sprengstoff und Waffen voraus, die weder die erste noch die zweite Generation der RAF je gezeigt hatten.
Drittens sind die einzigen Indizien für die Täterschaft der RAF die Bekennerschreiben mit dem roten Stern und dem Maschinengewehr. Das abgebildete Gewehr ist aber merkwürdigerweise keine Kalaschnikow, sondern eine Heckler & Koch, und das bei einer Organisation, die den internationalen Kampf für den Sozialismus führte. Die Texte sind oberflächlich, zitieren alte RAF-Mitglieder und zeigen kaum ideologische sozialistische Schulung.
Viertens weist die Frage nach dem *cui bono* nicht auf eine linke Terrororganisation. Vom Herrhausenmord profitiert vorneweg die Wallstreet, für eine linke Terrororganisation wäre die Ermordung gerade dieses

Bankers ein Schuss ins eigene Knie gewesen. Und nach dem Mord an Rohwedder brachen die Demonstrationen in den Neuen Ländern gegen die Treuhand schnell zusammen. Die RAF war vor dem Mord von den Medien erfolgreich mit der Stasi verknüpft worden, weil einige Terroristen der zweiten Generation in der DDR Unterschlupf gefunden hatten. Mit denen wollte niemand mehr etwas zu tun haben.[103] Die Demonstrationen gegen die Treuhand in Ostdeutschland fanden ein schnelles Ende, aber ein Sympathieträger wurde sie deshalb noch nicht.

---

[103] Eine ausführliche Darstellung der beiden Morde bei: Gerhard Wisnewski, Wolfgang Landgraeber, Ekkehard Sieker, Das RAF-Phantom. Wozu Politik und Wirtschaft Terroristen brauchen. München 1992.
Hier die Kapitel 7. Alfred Herrhausen: Der Tod des Global Player, S.96-200 und Kapitel10. Mit der RAF für die Treuhand – der Tod des Detlev-Carsten Rohwedder, S. 230-279.

1.7 Die Wiedervereinigung

Für ein Gesamtdeutschland galten die Bestimmungen des Potsdamer Abkommens, deshalb konnten die Bundesrepublik und die DDR nur mit der Zustimmung der vier Siegermächte vereinigt werden. Ein dürrer Satz beschreibt das Tauziehen auf dem diplomatischen Parkett:

„Die Zustimmung war nicht selbstverständlich. Großbritannien und Frankreich standen aufgrund der historischen Erfahrungen dem Wunsch der Deutschen nach Wiedervereinigung zunächst skeptisch bis ablehnend gegenüber, während Russland und die USA dafür waren. Am 12. September war die Einigung erzielt und der sogenannte Zwei-plus-vier-Vertrag löste das Potsdamer Abkommen ab. Der Weg zur Wiedervereinigung war frei.“[104]

Nicht Russland war es, das zustimmte, sondern die alte Sowjetunion! Dass der Name Michail Gorbatschow nicht fällt – immerhin war er in Deutschland der gefeierte Hoffnungsträger auf dauernden Frieden - ist schon ein starkes Stück. Als Teilnehmer der Feierlichkeiten zum 40. Jahrestag der DDR darf er auftauchen (S.131), nicht aber als maßgebliche Figur des Wiedervereinigungsprozesses. Thatcher und Mitterand gaben ihren Widerstand erst auf, als sie erkennen mussten, dass die beiden Supermächte sich einig waren und sie die Entwicklung akzeptieren mussten. Nähere Details, z.B. zum Truppenabzug der Sowjetunion und dem Verbleib der NATO-Basen, belasten die Darstellung ebenfalls nicht.

„Der Beitritt der DDR zum Geltungsbereich des bundesdeutschen Grundgesetzes nach Artikel 23 war ein möglicher Weg zur staatlichen Einheit. Die zweite Möglichkeit eröffnete Artikel 146, der eine staatliche Neugründung Gesamtdeutschlands mit einer neuen, gemeinsamen Verfassung vorsah. Die Entscheidung für den Weg nach Artikel 23 war aber bereits mit der Volkskammerwahl vorgezeichnet, denn die Mehrheit hatten Parteien, die den Beitritt auf diesem Wege

---

[104] Geschichte und Geschehen 5/6, S. 232

vorsahen. Am 23. August 1990 beschlossen die 363 Abgeordneten der Volkskammer mit 294 Ja- und 62 Nein-Stimmen bei sieben Enthaltungen zum 3. Oktober 1990 den Beitritt der DDR zum Geltungsbereich des Grundgesetzes."[105]

Mit keinem Wort erwähnt das Buch den überragenden Einfluss der Westparteien, vor allem der CDU, auf diesen Prozess. Die Parteien des westdeutschen Bundestages vereinigten sich schnell mit den Blockparteien der DDR, die wie die SED ihre feste Sitzzahl in der Volkskammer hatten. Damit übernahmen sie auch deren überall vorhandene Infrastruktur und das flüssige Vermögen. Politikern der Blockparteien standen Karrieren in der wiedervereinigten Bundesrepublik offen, manche bekamen hohe Staatsämter.

Den Artikel 23 hatten die Väter des Grundgesetzes für das Saarland vorgesehen, das 1945 eine eigenständige politische Einheit mit offener Zukunft wurde. Dort sollte per Volksabstimmung 1955 die Zugehörigkeit zu Deutschland, Frankreich oder die Selbständigkeit entschieden werden. Der Artikel 146 hingegen sah vor, dass das „*gesamte deutsche Volk*" sich nach der Wiedervereinigung eine Verfassung geben und damit das Grundgesetz ablösen sollte. Die regierenden Parteien in Bonn hatten sich zu gut eingerichtet, als dass sie das Risiko eingehen wollten, ihren überragenden Einfluss auf Staat und Gesellschaft aufs Spiel zu setzen. Daniela Dahn hat eindrücklich nachgezeichnet, wie die Bundesregierung unter Helmut Kohl im Februar und März 1990 den Wahlkampf für die entscheidende Volkskammerwahl vom 18. März 1990 steuerte und mit Hilfe der Presse die DDR-Wirtschaft für kollabiert erklärte. Sogar der Spruch „Kommt die D-Mark, bleiben wir, kommt sie nicht, geh'n wir zu ihr", der erstmals am 12.2.1990 in Leipzig auftauchte, sei eine Woche vorher im Kanzler-Bungalow thematisiert worden. Das entnimmt Dahn dem Tagebuch Horst Teltschiks, damals enger Vertrauter Kohls im Kanzleramt.[106] Der Sieg der „Allianz für Deutsch-

[105] Geschichte und Geschehen 5/6, S. 232
[106] Daniela Dahn, Rainer Mausfeld, Tamtam und Tabu, Fankfurt 2020, S.101.

land" machte den Weg frei für die Währungsunion und die Vereinigung nach Artikel 23 GG.

Dass das Schulbuch die Vereinigung nach Artikel 23 dem Wunsch und der Initiative der Ostdeutschen zuschreibt, verzerrt die tatsächlichen historischen Prozesse im Interesse jener Parteien, die in einem fortdauernden Prozess die Bundesrepublik zum Parteienstaat umgebaut haben. Für die Ernennung eines Richters, Staatsanwalts, Finanzdirektors oder Schulleiters ist mitunter das Parteibuch eine wesentliche Qualifikation für fachliche Eignung.

Die Umstellung der ostdeutschen Planwirtschaft auf die westliche Privatwirtschaft haben viele Ostdeutsche als schmerzhaften Prozess erlebt. Für diese Privatisierung war die Treuhandanstalt eingerichtet worden, eine im Osten verhasste Behörde. Es gab sogar den Fall eines Bürgermeisters, der folgendes Schild aufstellen ließ:

WARNUNG!

Mitarbeiter der Treuhandanstalt

betreten das Gebiet der Gemeinden
Siegelbach, Dosdorf u. Espenfeld
auf eigene Gefahr.

Köllner, Bürgermeister.

Für das Schulbuch ist die Treuhand irrelevant, keiner Erwähnung wert!

„Während sich für die westdeutsche Wirtschaft der Binnenmarkt und die Gewinnchancen vergrößerten, konnten die maroden Industrieanlagen und Fabriken in Ostdeutschland im freien Wettbewerb nicht

bestehen. So kam es zu massiven Betriebsschließungen, die von einer wachsenden Arbeitslosigkeit begleitet wurden.
Für die Menschen in der ehemaligen DDR war das eine neue Erfahrung, da in der Planwirtschaft jeder das Recht auf einen Arbeitsplatz hatte."[107]

Dass solche Prozesse nicht natürlich-organisch ablaufen, sondern politischen Entscheidungen unterliegen, was soll´s. Das im Osten weit verbreitete Gefühl, bei der Wiedervereinigung über den Tisch gezogen worden zu sein und im neuen Gesamtdeutschland nicht gebührend wahrgenommen zu werden, ist unerheblich. Damit dient das Buch nicht einer Verständigung, einem Zusammenwachsen von Ost und West. Selbstredend fällt auch der Einzug westdeutscher und internationaler Investoren in die Neuen Länder unter den Tisch.

Stattdessen widmet sich die Seite 238 der Hauptstadtdebatte Bonn-Berlin vom 20.Juni 1990. Norbert Blüm (CDU), Wolfgang Thierse (SPD) und Gerhard Baum (FDP) dürfen in Quelle drei ihre Argumente für und wider ausbreiten. Die Aufgaben fordern die Schüler auf, sie gegenüberzustellen und zu erörtern, *„warum gerade der Reichstag in Berlin als Symbol des Neubeginns des wiedervereinigten Deutschlands gelten kann"*. Eine ganze Seite ist dafür Platz! Das nenne ich Ablenkung vom Wesentlichen oder Hinlenkung des Blicks auf Nebensächliches.

---

[107] Geschichte und Geschehen 5/6, S. 236

1.8 Die Darstellung Afrikas

Das Kapitel „*Frei, aber arm? Die Entwicklung der ehemaligen Koloni-
en seit der Unabhängigkeit*" konzentriert sich auf Afrika. Der einführende Satz gibt die Richtung vor:

> „*Seit vielen Jahren vergeht kaum ein Tag ohne Berichte über Bür-
> gerkriege, Hungerkatastrophen und Massenelend in Afrika. Worin
> liegen die Ursachen für diese Probleme?*"[108]

Den ehemaligen Kolonialmächten wird durchaus eine Mitschuld zuge-
schrieben:

> „*Auf wirtschaftlichem Gebiet war die Unabhängigkeit ebenfalls
> gefährdet. Die Kolonialmächte hatten die Wirtschaft in den Koloni-
> en nach ihren Interessen entwickelt. Die neu entstandenen Eisen-,
> Stahl- und Konsumgüterindustrien hatten es daher schwer, sich im
> internationalen Wettbewerb zu behaupten. Die Abhängigkeit von
> den reichen Industriestaaten verfestigte sich aber auch durch den
> Rohstoffexport. Das an Bodenschätzen reiche Afrika hatte durch den
> vorrangigen Verkauf der Rohstoffe die Weiterentwicklung der heimi-
> schen Industrien und Landwirtschaft vernachlässigt.*"[109]

Das ist ein erster Hinweis auf den Kern der Ursachen: Afrika hat selbst
schuld. Die Kolonialmächte sind zwar angesprochen, aber nur als staatliche Akteure, die Konzerne, das Kapital also, bleiben unerwähnt. Die
Hauptverantwortung am Elend Afrikas tragen nach Ansicht des Autors
aber – im Unterschied zu den asiatischen Ländern - die einheimischen
Eliten:

> „*Viele Staaten sind im Vergleich dazu nach wie vor wenig entwi-
> ckelt. Armut, Hunger und Bürgerkriege gehören dort vielfach zum
> Alltag. Große Teile der Bevölkerungen sind arbeitslos und leben in
> Slums, während die einheimischen Eliten über großen Reichtum ver-
> fügen*"[110]

---

[108] Geschichte und Geschehen 5/6, S. 250
[109] Geschichte und Geschehen 5/6, S. 251
[110] Geschichte und Geschehen 5/6, S. 252

Aber der Autor, der uns schon bekannte Michael Epkenhans, sieht Licht am Ende des Tunnels.

> *„Experten streiten seit Jahren darüber, inwieweit die Ursachen der Krise Afrikas in dem kolonialen Erbe oder aber in innerstaatlichen Problemen wie Korruption und fehlenden demokratischen Strukturen zu suchen sind."*

Dann nennt er ein paar positive innerafrikanische Ansätze.

> *„Auch der Wille vieler Europäer, Afrika als gleichberechtigt anzuerkennen und mithilfe von Entwicklungsprogrammen gemeinsam erfolgreich voranzubringen, ist ein Anzeichen für eine hoffnungsvolle Zukunft."*[111]

Wir wussten es eigentlich schon immer: Der Afrikaner kriegt es ohne unsere Hilfe einfach nicht gebacken. Wie der Teufel das Weihwasser, so vermeidet der Autor jeden zarten Hinweis auf die wirtschaftlichen Eigentumsstrukturen, weder nennt er die westlichen Großkonzerne, noch die unfairen Handelsverträge der EU mit den Staaten Afrikas noch den Einfluss der NGOs. Dazu gleich.

Den Schulbuchtext begleiten ein paar Quellen, die in dieselbe Richtung gehen. Nur eine, die Rede des algerischen Staatspräsidenten Boumedienne von 1974, weist auf den Einfluss der Kolonialmächte und ihr Interesse an den Rohstoffen hin. Diese Rede ist immerhin bei Erscheinen des Buches 44 Jahre her. Dann darf der ugandische Journalist Andrew Mwenda (2006) heftige Elitenschelte betreiben.[112] Er stellt einen Zusammenhang zwischen der Entwicklungshilfe und der Korruption der Eliten her. Der Soziologe Iseewanga Indongo-Imbanda beschreibt die Folgen des Coltan-Abbaus im Kongo:

> *„Hauptsächlich die Männer mit Taschen voller leicht verdientem Geld verlassen ihre Familien, um sich in den neu gebildeten Vergnügungsvierteln (...) auszuleben. Viele Lehrer geben ihre niedrig bezahlten Jobs zugunsten von relativ höher bezahlter Tätigkeit beim Coltan-Abbau auf. Auch Schüler im Alter von 8-9 Jahren verlassen*

---

[111] Geschichte und Geschehen 5/6, S. 252
[112] Quelle 5, S.254: „Sind die Afrikaner selbst schuld?

bereits die Schule, um arbeiten zu gehen. Dies hat einen verheerenden Einfluss auf das Bildungsniveau und somit auf die Zukunft des Landes. Zusätzlich zu diesen Folgen gibt es auch ökologische. Der Abbau von Coltan hat dazu geführt, daß riesige intakte Wälder abgeholzt wurden und riesige Krater entstanden."[113]

Wie hieß es noch im Lehrbuch für Zoologie von 1890 über die afrikanische Rasse? *Temperament: Sanguiniker, nur dem Augenblick lebend und ohne Sorgen für die Zukunft.* Hat sich unser Bild vom Afrikaner geändert? Das Schulbuch zitiert hier einen Afrikaner, also kann das kein Rassismus sein. Der angegebene Internet-Link (*„zuletzt abgerufen am 15.05.2016"*) ist nur noch im Archiv der Website zu finden.[114]

Dort findet sich der Kontext des Schulbuchzitats. Im Absatz unmittelbar über dem Textauszug des Schulbuches nennt Indongo-Imbanda europäische Akteure: *„Europa-Marktführer in der Verarbeitung von Coltan gilt H.C. Starck, eine Tochterfirma der Bayer AG, mit Sitz in Goslar und Dependancen in den USA, Thailand und Japan. Trotz Dementis seitens der Leitung von H.C. Starck belegen im Anschluß an den UNO-Bericht sowohl die Undercover-Recherchen von Klaus Werner und Hans Weiss als auch die Erklärungen verschiedener Coltan-Händler, daß die Bayer-Tochterfirma Coltan aus dem von der bewaffneten Opposition kontrollierten Gebiet in der DRKongo bezieht."* Milizen kontrollieren das Abbaugebiet, an denen westliche Firmen interessiert sind. Diese versorgen die Milizen mit Waffen und bekommen dafür Zugang zum Coltan.

Die Interessen europäischer, hier deutscher Firmen am Coltan-Abbau hat der Autor für das Wissen der Schüler für irrelevant gehalten. Somit bleibt es dabei: schnelles Geld, Sex, Umweltzerstörung. Das ist der Afrikaner. *Ohne Sorgen für die Zukunft.*

Bilder prägen das Bild im Kopf. Die folgende Abbildung des Geschichtsbuches zeigt einen weißen Entwicklungshelfer, der den Afrikanern mit dem Zeigefinger ein Leck in einer Wasserleitung zeigt.

---

[113] Geschichte und Geschehen 5/6, S. 261
[114] http://archiv.kongo-kinshasa.de/kommentar/kom_042.php

Q7 Entwicklungs-
hilfe in Äthiopien
Mitarbeiter der
Stiftung „Menschen
für Menschen", einer
deutschen Entwick-
lungshilfeorganisation
für Afrika, und Bauern
untersuchen in Ilugode
Chefe im Gebiet Balla in
Äthiopien eine beschä-
digte Wasserleitung.
Foto, 2011

Die Afrikaner hocken auf dem Boden oder stehen ratlos herum, als seien sie zu blöd, ohne den Europäer ein Leck erkennen zu können. Bekommen die Afrikaner ohne uns selbst die einfachsten Dinge nicht hin?[115]

Wer ein anderes Bild von Afrika zeichnen will, könnte beispielsweise folgende Promenadensicht mit den Hochhäusern im Hintergrund von

---

[115] Geschichte und Geschehen 5/6, S. 255

Luanda in Angola präsentieren. Da wirkt diese afrikanischen Metropole hochmodern, die Mieten gehören zu den höchsten der Welt.

Seit 1961 hat die Bundesrepublik Deutschland ein Entwicklungshilfeministerium. 1961 konnten sich die afrikanischen Staaten selbst ernähren, heute sind sie mit wenigen Ausnahmen von Lebensmittelimporten aus Europa abhängig. Die Arbeitslosigkeit ist seit der Unabhängigkeit noch gestiegen. Wie kann das sein? Wer eine einfache Erklärung will, kann das mit dem Bevölkerungswachstum abtun - alle zwei Jahrzehnte hat sich in etlichen Ländern die Bevölkerung verdoppelt. Wer sich mit dieser Erklärung nicht zufriedengeben will, werfe einen Blick auf die Handelsverträge der EU, die Kreditbedingungen von Weltbank und IWF oder die wirtschaftlichen Strukturen beim Aufbau von Infrastruktur oder auf den Abbau von Rohstoffen.

Die EU schloss mit drei Wirtschaftsregionen Afrikas *Economic Partnership Agreements* ab. Die afrikanischen Staaten haben sich lange gewehrt, sie dürfen weder ihre Industrie noch ihre Landwirtschaft mit Zöllen schützen, sonst verlieren sie den Zugang zum europäischen Markt.[116] Die Drohung, bei Nichtunterzeichnung die Entwicklungshilfe einzustellen, wirkt auf die korrupten Eliten in Afrika wie Drogenentzug auf Junkies, das wirkt immer. Entwicklungshilfe ist für sie schnelles Gratisgeld ohne Anstrengung. Dass der Freihandel immer den Starken begünstigt und das Erstarken der Schwachen verhindert, sehen sie sehr wohl, betrifft sie aber nicht persönlich.

Volker Seitz verbrachte als Diplomat 17 Jahre in Afrika, die letzten vier als Botschafter in Kamerun. Auch er prangert die Korruption der afrikanischen Eliten an. Seine Streitschrift *Afrika wird armregiert* liest sich

---

[116] https://de.wikipedia.org/wiki/Wirtschaftspartnerschaftsabkommen#Schl%C3%BCsselelemente
https://www.dw.com/de/eu-freihandel-mit-afrika-unfairer-deal/a-37073640
https://www.dw.com/de/eu-freihandelsabkommen-mit-afrika-hilfe-oder-selbstbedienung/a-19127258
https://www.euractiv.de/section/entwicklungspolitik/news/umstrittenes-eu-freihandelsabkommen-mit-afrika-in-kraft/

aber als eine einzige Abrechnung mit der westlichen Entwicklungshilfe, die westlichen Interessen diene, den *Entwicklungshelfer* zum Beruf gemacht habe, der an der Abschaffung seiner Existenz kein Interesse zeige.[117] Die Zahl der Entwicklungshelfer-NGOs in Afrika liegt irgendwo zwischen 300 und 400, aus Spenden und Steuergeldern finanziert. Den Zusammenhang von EU-Subventionen für die europäische Landwirtschaft und der Verarmung Afrikas streift er zumindest am Beispiel der Baumwolle. Den europäischen Kampfpreisen haben die Sahelbauern nichts mehr entgegenzusetzen.[118]

Justine Masika, Gründerin von La Synergie des Femmes, war 2005 für den Friedensnobelpreis vorgeschlagen worden, 2009 bekam sie die Menschenrechtstulpe der niederländischen Regierung und den Friedenspreis von Pax Christi International. David van Reybrouck lässt sie in seinem beeindruckenden Kongobuch zu Wort kommen: *„Jetzt gibt es allein schon in Goma zweihundert Organisationen für Frauenrechte. Darunter viele Pseudo-NGO, lokale Organisationen, die sich mit ausländischem Geld bereichern, auf dem Rücken kranker Frauen. Jeder fängt hier irgendwas an. Das Geld aus den Geberländern läuft über die Vereinten Nationen, aber die behalten eine stattliche Provision ein, bis zu 20 oder 30 Prozent. Das ist eine richtige UNO-Mafia! Ich arbeite nicht mehr mit ihnen zusammen. Das UNO-Ernährungsprogramm. UNICEF... sie kommen mit gewaltigen Budgets hierher, aber 60 Prozent davon gehen für Logistik drauf, ohne dass man Ergebnisse sieht. Die ganzen Ausländer kriegen offenbar `Risikozulagen`, die ganzen Büros brauchen Klimaanlagen, alle Räume sind luxuriös und gesichert. Schrecklich viel Geld fließt in die Öffentlichkeitsarbeit. Sie wollen Sichtbarkeit, auch hier. Dabei sind doch die Frauen, um die es hier geht, in Gefahr, die sind doch auf Diskretion angewiesen."*[119]

---

[117] Volker Seitz, Afrika wird armregiert, oder wie man Afrika wirklich helfen kann. 286 Seiten, München 2009
[118] Seitz, S.209
[119] David Van Reybrouck, Kongo. Eine Geschichte. Berlin 2012, S.559-560.

John Perkins hat die *Bekenntnisse eines Economic Hit Man* vorgelegt. Er war selber einer von ihnen. *Economic Hit Man* (EHM) kann mit *Wirtschaftskiller* übersetzt werden. Als Angestellter einer Unternehmensberatung reiste er in Dritte-Welt-Länder, um den jeweiligen Potentaten Entwicklungsprojekte schmackhaft zu machen. Die nötige Finanzierung über Weltbank oder IWF hatte er gleich mit im Angebot. Große finanzielle Gewinne für die Machthaber persönlich, man könnte es Schmiergeld nennen, gehörten immer dazu. Das eigentliche Ziel, so Perkins, sei stets gewesen, die Staaten in dauerhafte Kreditabhängigkeit zu bekommen, ohne dass Aussicht bestanden hätte, da je wieder herauszukommen, denn die Projekte waren so konzipiert, dass sie gar nicht funktionieren konnten. Wenn ein Staatschef das Spiel durchschaute und sich weigerte, dann sei die zweite Reihe auf den Plan getreten, Perkins nennt sie *die Schakale*. Auftragskiller, häufig mit Bezug zur CIA. Einige Fälle von Präsidentenmorden in Mittel- und Südamerika machen seine Darstellung nachvollziehbar. Wenn auch die zweite Reihe nicht genügend Druck aufbauen konnte, sei da noch die dritte Reihe gewesen, das Militär. Als Beispiele nennt er die Militäreinsätze in Panama und dem Irak. Zitat: „*Alle Instrumente der EHM und Schakale – schöngerechnete Wirtschaftsdaten, falsche Versprechungen, Drohungen, Bestechung, Erpressung, Schulden, Täuschung, Staatsstreiche, Attentate und uneingeschränkte militärische Macht – sind heute weltweit im Einsatz, sogar noch mehr als vor einem Jahrzehnt, als ich die Mittel des Systems offenlegte. Das Krebsgeschwür hat sich weiter ausgebreitet und überall eingenistet, dennoch wissen die wenigsten Menschen darüber; dabei wird der Zusammenbruch, in den es unausweichlich führt, uns alle treffen. Das EHM-System dominiert Wirtschaft, Regierung und Gesellschaft von heute.*"[120] Perkins sieht inzwischen auch die westlichen Demokratien und sogar die USA selbst im Würgegriff dieses Systems.

---

[120] John Perkins, Bekenntnisse eines Economic Hit Man. Unterwegs im Dienst der Wirtschaftsmafia. München 2016. Das Zitat auf den Seiten 17-18.

Der Finanzexperte Ernst Wolff erklärt den Mechanismus, wie der IWF arme Länder in dauernde Verschuldung zwingt. In einem fiktiven Fall braucht ein Ort ein neues Gemeindehaus, es soll 100.000 $ kosten. Der Bürgermeister geht zur örtlichen Bank, die will die fehlenden 50.000 $ als Kredit geben. Dann geht der Bürgermeister zu einem Bauunternehmer und schlägt ihm vor, jeder von beiden solle erst einmal 25.000 $ einstecken. Dem Gemeinderat sagt er, es tue ihm leid, der Neubau koste 150.000 $. Dort hat niemand nähere Ahnung, der Gemeinderat akzeptiert. Die Bank aber sagt: Nein, wir kennen dich, wir kennen den Bauunternehmer, ihr seid korrupt, das machen wir nicht. Jetzt bleibt dem Bürgermeister nur noch der Kreditgeber letzter Instanz, der IWF. Und der sagt sofort zu. Es gebe nur eine kleine Bedingung, „wir schicken mal drei Leute in euer Dorf, die kucken sich um und werden euch dann die Konditionen mitteilen." Die drei Leute sagen dem Bürgermeister: „Ihr habt da einen schönen Wochenmarkt, der soll auch so bleiben. Die erste Bedingung aber ist, dass ab jetzt ein Stand für einen großen amerikanischen Lebensmittelkonzern reserviert ist. Die zweite Bedingung ist, dass neben der Sparkasse auch eine kleine Filiale von Goldman Sachs aufmachen darf. Die dritte und letzte Bedingung verlangt die Privatisierung des Dorfbrunnens. Wir haben da jemanden aus Europa, der garantiert dann auch die Wasserqualität. So, jetzt musst du, Bürgermeister, einen *letter of intent* an den IWF schreiben, in dem du uns diese drei Dinge anbietest. Wir wollen in der Öffentlichkeit nicht in ein schlechtes Licht gerückt werden." Der Bürgermeister stimmt zu, Goldman Sachs schafft es, durch fantastisch niedrige Zinsen in kurzer Zeit das Geldgeschäft des Ortes zu übernehmen, die örtliche Sparkasse macht zu. Ebenso auf dem Markt, der westliche Lebensmittelkonzern verdrängt die örtlichen Kleinproduzenten von Tomaten oder Hühnerfleisch durch unschlagbar niedrige Preise. Nach vier Monaten sehen die Ortsbewohner den Brunnen abgedeckt. Ein Schild weist auf eine Verkaufsstelle von Wasser in Kanistern abgepackt.[121] So weit Ernst Wolff.

---

[121] https://apolut.net/weltmacht-iwf-die-auswirkungen/

Der Sohn des Tomatenbauern sieht keine Zukunft mehr für sich im Ort, er macht sich auf den Weg nach Europa. Wenn er Glück hat, findet er, als Illegaler ohne jegliche Rechte, eine prekäre Tagelöhnerbeschäftigung in Kalabrien – weit unter jedem Mindestlohn – auf den riesigen Tomatenfeldern, die in Dosen verpackt in aller Herren Länder geschickt werden, auch nach Afrika. Ob der Tagelöhner überhaupt am Ende des Tages seinen Lohn erhält, hängt von der Ehrlichkeit des italienischen Bauern ab, einklagen kann er ihn als Illegaler jedenfalls nicht. Das ist die moderne Sklaverei im Gewande des Kapitalismus und freien Marktes. Die Frankfurter Allgemeine Zeitung berichtete 2018 darüber.[122]

Ganz typisch für unsere Schulbücher generell bleiben auch hier der Finanzsektor und die Profitorientierung der westlichen Unternehmen unsichtbar. Die westliche Wertegemeinschaft schaut stets auf Demokratie, Menschenrechte, Freiheit. Fehlentwicklungen in Afrika können demnach nur afrikanische Ursachen haben.

Im März 2021 meldete die tansanische Regierung den Tod ihres Präsidenten John Pombe Magufuli. Im Februar war er von der Bühne verschwunden, angeblich an Covid-19 erkrankt und zur Behandlung nach Kenia gegangen. Woran Magufuli starb, wurde nicht mitgeteilt. Weltweit bekannt machte ihn, einen promovierten Biochemiker, im Mai 2020 seine Kritik an den PCR-Tests, nachdem er eine Ziege, eine Papaya und Motorenöl positiv auf Covid-19 getestet hatte. Dass er im Sommer 2020 die Pandemie für Tansania für beendet erklärt hatte, verärgerte die WHO, zumal Magufuli 300 Millionen US-$ zu ihrer Bekämpfung, nicht aber zu ihrer Beendigung bekommen hatte. Das war aber nur der Schlusspunkt seines Sündenregisters. Im Januar 2021, einen Monat vor seinem Verschwinden, hatte Magufuli das *Kabanga-Nickel-Project* auf die Spur gebracht, zusammen mit einem norwegischen Investor. Seit 2011 hatten zwei Bergbaukonzerne, Barrick Gold

---

[122] https://www.faz.net/aktuell/race-to-feed-the-world/ausbeutung-von-fluechtingen-bei-der-tomatenernte-in-italien-15776725/erntehelfer-waehrend-der-15777017.html

aus Kanada und der Bergbaugigant Glencore[123] aus der Schweiz, die Rechte an der Nickelmine in Kabanga gehalten, doch Magufuli hatte die Gesetze geändert und den Vertrag gekündigt, weil Tansania von den zu erwartenden Gewinnen nichts gesehen hätte. Der neue Vertrag sah immerhin eine 16%-Beteiligung vor. Die Weltbank schätzte 2019, dass die Nachfrage nach Nickel wegen seiner Bedeutung für die vierte industrielle Revolution mit der E-Mobilität um den Faktor 24 steigen werde.

Magufuli hatte aber noch weitere Kreise der westlichen Wertegemeinschaft gestört. 2018 stoppte er alle laufenden Feldversuche mit gentechnisch veränderten Pflanzen. Damit trat er nicht nur Monsanto auf die Füße, sondern auch der African Agricultural Technology Foundation, einer kenianischen NGO, hinter der die Bill & Melinda Gates Foundation, die Rockefeller Foundation, Syngenta[124], PepsiCo und USAID (United States Agency for International Development) stehen. Und dann hatte Magufulis Landwirtschaftsminister im Januar 2021 erklärt, die Regierung würde alle westlichen genveränderten Saatgutimporte hinfort überprüfen.[125] Ein Schelm, wen nach der Lektüre von John Perkins der Verdacht beschleicht, Magufuli könnte eine Begegnung mit den *Schakalen* gehabt haben.

In Ostafrika haben die Menschen spätestens 2015 lernen müssen, Hilfsprojekten aus dem Westen, an denen die Bill & Melinda-Gates Foundation beteiligt ist, grundsätzlich zu misstrauen. Zusammen mit der WHO startete sie in Kenia ein Tetanus-Impfprojekt, aber nur für

---

123 Glencore (Schweiz) ist der größte Kobaltproduzent der Welt, er hält einen Marktanteil von 20%. https://www.technik-einkauf.de/rohstoffe/kritische-rohstoffe/wichtigste-groesste-kobalt-produzenten-weltweit-229.html

124 Auch Syngenta, einem Agrotechnologieunternehmen mit Standorten in Shanghai, Basl, Tel Aviv und Chicago, werden Umweltdelikte mit hochgiftigen Substanzen vorgeworfen, siehe: https://de.wikipedia.org/wiki/Syngenta

125 Zu diesem Absatz grundlegend: Whitney Webb, Jeremy Loffredo, „Wissenschaftsleugner" oder Bedrohung des Imperiums? In: Free21 Magazin, Nr.3, 8.Jg, Juni 2021, S. 26-38.

Frauen zwischen 12 und 49 Jahren. Im Impfstoff war das Schwanger-schaftshormon Beta-HCG eingemischt. Die geimpften Mädchen und Frauen produzierten Antikörper nicht nur gegen Tetanus, sondern auch gegen Beta-HCG, so dass sie nicht mehr schwanger werden konnten. Das Schema der Impfauffrischungen entsprach nicht der Tetanus-Imp-fung mit drei Impfungen in zeitlich wachsendem Abstand, sondern mit fünf Impfungen in regelmäßigen Abständen einer Impfung gegen Schwangerschaften. Organisiert wurde die Aktion nicht über die nor-malen Gesundheitswege, sondern an ihnen vorbei, mit Sicherheitskräf-ten, die die Ampullen überwachten, auch die leeren. Kenianische Ärzte wurden hellhörig, ihnen gelang in Kooperation mit der katholischen Kirche, nach der dritten Impfung – zwei fehlten noch – die Kampagne zu stoppen.[126] Menschenversuche im Dienste der Pharmaindustrie hat es in Afrika auch schon zu Beginn des 20. Jahrhunderts gegeben, auch Robert Koch beteiligte sich daran.[127]

Westliche Konzerne, Stiftungen und Nichtregierungsorganisationen betrachten den afrikanischen Kontinent und seine Bevölkerung als Spielwiese, auf der sie sich austoben können. Sie experimentieren am genetischen Erbe von Mensch und Natur, gewinnen Rohstoffe ohne Rücksicht auf die Umwelt und das Wohlergehen der Arbeitskräfte, sie sichern den eigenen Profit, indem sie nicht die Ursachen, sondern die Symptome von Problemen angehen. Das gelingt ihnen, indem sie die afrikanischen Führungskräfte umwerben, gefügig machen oder beste-chen, und wenn alles nichts hilft, vermeldet die Presse den plötzlichen Tod eines Präsidenten, der *verantwortungslos* handelte. Magufuli war einer von vier afrikanischen Präsidenten, die sich der Covid-Pandemie

[126] Detailliert nachlesbar bei Heiko Schöning, Game Over. Groningen 2021, Seiten 274-283.
[127] https://www.deutschlandfunk.de/menschenexperimente-robert-koch-und-die-verbre-chen-von-100.html

verweigerten und – alles Zufall - das Jahr 2022 nicht mehr erlebten.[128] Der Präsident von Haiti kommt noch hinzu, aber Haiti liegt ja nicht in Afrika.[129]

Professor Michael Epkenhans, Autor der Afrikaseiten, lässt in guter Tradition das Wirken westlicher Organisationen in Afrika im Keller des Vergessens. Lieber zeichnet er ein Heile-Welt-Bild eines mitfühlenden und helfenden Europas. Das ist die Kinderbuchversion eines Geschichtsbildes, das Gut und Böse, Schwarz und Weiß kennt und die Schüler dumm hält. Es dauerte auch nur noch drei Jahre, bis unser Land einen Kinderbuchautor zum Wirtschaftsminister machte, der ebenfalls nur Gut und Böse, Schwarz und Weiß kennt und für das Gute Duschen und Heizen einzuschränken fordert.

1.9 Fazit: Kapitalismus findet in unseren Geschichtsbüchern nicht statt

Wir leben im Zeitalter des Kapitalismus. Unsere Schulbücher vermitteln kein Bild von den Konsequenzen. Kapitalismus bedeutet, dass alle Güter, die in den Epochen davor Gemeingut waren, kapitalisiert, d.h. in Geldwert umgedacht werden: Arbeitskraft, Grund und Boden, Wasser, in Ansätzen inzwischen auch die Luft (Frequenzen für die Telekommunikation, CO_2-Zertifikate).

Einer der Anfänge lag in England, als die Allmenden, Kollektivbesitz an Land, umzäunt und privatisiert wurden. Das Neue daran: der kapita-

---

[128] Burundis Staatschef Pierre Nkurunziza (55 Jahre) starb am 8.6.2020, Abrose Dlamini, (Swasiland, 52 Jahre) am 13.12.2020, Hamed Bakayoko, Elfenbeinküste), 56 Jahre) am 3.3.2021, Magufuli (61 Jahre) am 17.3.2021.

[129] Jovenel Moïse wurde am 7.7.2021 von einem Kommando aus etwa 20 Kolumbianern und zwei US-Amerikanern ermordet. Eine Woche nach seinem Tod verkündete Joe Biden, die USA würden jetzt endlich Impfstoffe nach Haiti liefern.

lisierte Boden konnte jetzt wie jede andere Ware gekauft und verkauft werden.

Dann wird der Mensch neu gedacht, er wird zerlegt in Privatperson und Arbeitskraft. Nur die letztere bleibt von Interesse, sie wird zu Markte getragen, gekauft und verkauft.

Die aktuell gefährlichste Phase der Privatisierung ist die von Wasser. Nestlé ist führend in der Privatisierung von Wasser in vielen Ländern der Dritten Welt.[130]

Das drastischste Beispiel für Wasserprivatisierung lief in 1999/2000 in Cochabamba ab, der drittgrößten Stadt Boliviens. Für einen neuen Kredit hatte der IWF die Regierung gezwungen, das Wasser dieser Stadt an den amerikanischen Konzern Bechtel und das italienische Energieunternehmen Edison zu verkaufen. Die Einwohner durften kein Wasser mehr aus dem Fluss schöpfen, auch für Regenwassertonnen mussten sie Gebühren zahlen. Nach etwa einem halben Jahr brachen die Investoren diesen ersten Großversuch an einer als friedlich geltenden Bevölkerung infolge des massiven Widerstands ab. Es hatte Militäreinsätze und ein paar Tote gegeben.[131]

Seit 2008 hat sich die Gesamtmenge des Kapitals dermaßen aufgebläht, dass sie das Weltsozialprodukt (Waren und Dienstleistungen) um das Vierfache übersteigt. Auf der Suche nach Anlageformen wird seit etlichen Jahren traditionelles Gemeineigentum privatisiert: Krankenhäuser, die Bahn, Straßen, Wasserversorgung (Beispiel Berlin, wegen massiver Probleme bei der Versorgung inzwischen teuer zurückgekauft).

---

[130] https://praxistipps.focus.de/nestle-und-wasser-was-sie-darueber-wissen-sollten_103813
https://www.handelsblatt.com/unternehmen/handel-konsumgueter/lebensmitte_konzern-warum-nestle-so-unbeliebt-ist/26287122.html
[131] Schnellinformation auf wikipedia,(https://de.wikipedia.org/wiki/Cochabamba#Wasserkrieg_%E2%80%93_Guerra_del_Agua) ausführliche Informationen z.B. auf: http://www.quetzal-leipzig.de/lateinamerika/bolivien/die-wasserkonflikte-von-cochabamba-und-el-alto-19093.html.

Nicht das Wohlergehen des Menschen steht im Mittelpunkt, sondern das Kapital und sein Interesse an Gewinnmaximierung.

2. Biologie

Schulbücher müssen von den Kultusministerien genehmigt werden, wenn sie als reguläres Lehrwerk im Rahmen der Lehrmittelausleihe angeschafft und im Unterricht eingesetzt werden sollen. Sie setzen die Vorgaben. Die Verlage haben nur begrenzten Einfluss auf den Inhalt, die Produktion kostet Ressourcen, die bei Nichtzulassung in der Wind geschrieben werden müssen. Für den Biologieunterricht der Sekundarstufe I (bis Klasse 10) hat Niedersachsen sechs Bücher genehmigt, je zwei von Klett, Westermann und Cornelsen. Nur der Titel *bioskop 9/10 Gymnasium Niedersachsen, Ausgabe G9 – Neubearbeitung* ist ausschließlich für das Gymnasium zugelassen, die anderen fünf auch für die Oberschulen und integrierten Gesamtschulen. *bioskop 9/10* sollte demnach das anspruchsvollste sein. Schauen wir ein Kapitel des Buches näher an.

Bioskop 9/10 Gymnasium Niedersachsen, Westermann 2018
Kapitel 4: Gesundheit und Krankheit

Überblick über das Kapitel:
   4. Gesundheit und Krankheit
   4.1 der Mensch als Lebensraum
   4.2 Bakterien als Krankheitserreger
   4.3 Viren als Krankheitserreger
   4.4 Immunsystem
   4.5 Immunisierung
   4.6 Impfung am Beispiel der Masern
   4.7 Multiresistente Bakterien und Antibiotika
   4.8 Marie hat eine Lungenentzündung – ein Fallbeispiel
   4.9 Pandemien
   4.10 Aids
   4.11 Zelluläre Krankheitsursachen
   Wiederholen - Üben - Festigen

Ich beschränke mich in der Betrachtung auf die Kapitel *4.3 Viren als Krankheitserreger, 4.6. Impfung am Beispiel der Masern, 4.9 Pandemien und den Abschluss wiederholen – Üben – Festigen.*

2.1 Viren als Krankheitserreger

Schon die Übersicht verdeutlicht: Bakterien und Viren werden nur als Krankheitserreger vorgestellt. Das Buch verzichtet auf jegliche Quellenangabe, der Leser kann also nie überprüfen, woher die Autoren eine bestimmte Grafik haben und auf welche wissenschaftlichen Publikationen sie sich beziehen.

Nach einer Beschreibung, wie bestimmte Krankheiten von Viren hervorgerufen werden, kommt die beruhigende Nachricht, sie
„lassen sich meist gut durch **Impfen** *vorbeugend bekämpfen.“*
Mutationen träten häufig auf:
„Dies erschwert die Bekämpfung durch das Immunsystem und die Wirksamkeit der Impfung.“
Das Wort Impfen ist fettgedruckt.[132]
Wollte das Buch die Schüler wirklich umfassend informieren, müsste es auch auf die Erkenntnisse der Biologie hinweisen, dass Viren viel älter sind als der Mensch, im Laufe der Evolution unser Abwehrsystem leistungsfähiger gemacht und unser Erbgut geformt haben. Ihr Selektionsdruck hat für eine genetische Ausstattung gesorgt, die die Sexualität hervorgebracht hat. Die Gene zweier Individuen mischen sich bei ihren Nachkommen, was die genetische Vielfalt erhöht und die Anpassung an eine veränderte Umwelt ermöglicht. Die Biologen sehen hierin den

---

[132] bioskop 9/10, S. 66

Hauptgrund, weshalb wir heute zwei unterschiedliche Geschlechter haben.[133]

Jede Medaille hat zwei Seiten, Gut und Böse sind oft innigst ineinander verwoben, und auch die Viren können nicht nur krank machen, sondern auch positive Entwicklungen auslösen. Unserer Jugend eine Grundangst vor Viren auf den Lebensweg mitzugeben, ist den Autoren wichtiger als ein Blick auf die andere Seite der Viren, es könnte eine zu entspannte und gelassene Haltung dem Thema gegenüber bewirken.

2.2 Impfung am Beispiel der Masern

Die Masern sind eine Viruserkrankung.

„Kommt es zu einem Kontakt mit dem Virus, bricht die Krankheit bei nicht geimpften Menschen fast immer aus. Die Masern gehören zu den ansteckendsten Krankheiten überhaupt."

Es folgt eine detaillierte Beschreibung der Symptome. Obwohl das Buch konzediert:

„Bei einem intakten Immunsystem erfolgt durch die Zelluläre Immunantwort eine vollständige Genesung",

trommelt es für eine Impfung. Der Seitenhieb auf die Kritiker erfolgt in leichter Sprache:

„Das seltene Auftreten von Masern hat in Deutschland dazu geführt, dass die Gefahr einer Erkrankung nicht mehr bewusst wahrgenommen wird. Viele Menschen vernachlässigen deshalb ihren Impfschutz. Eine 'Impfmüdigkeit' hat eingesetzt. Aus Überzeugung lassen sich einige Menschen nicht impfen. Sie sind Impfgegner. "

Es klingt, als würde hier im Jahre 2018 schon einmal das Vokabular für die große Corona-Pandemie eingeübt.[134]

---

[133] https://www.spektrum.de/news/die-gute-seite-der-viren/1722318
[134] Alle Zitate und die Grafik: bioskop 9/10, S. 72-73

Die nächste Seite bringt eine Tabelle, die die Folgen bei einer *Erkrankung an Masern* den *Folgen auf eine Impfung gegen Masern* gegenübergestellt. Der tödliche Ausgang, so wird da behauptet, läge bei einer Erkrankung zwischen 0,1 und 30%, als Folge auf eine Impfung aber bei 0%. Der Logik des Buches zufolge können also 0,1 bis 30 % der Menschen kein intaktes Immunsystem haben, eine erstaunliche Spanne.

Wie gesagt, eine Quelle wird für diese monströse Zahlenspanne nicht genannt.

Symptome	bei einer Erkrankung an Masern	als Folge auf eine Impfung gegen Masern
Fieber	98 % überwiegend sehr hoch	7 % selten hoch
Fieberkrämpfe	8 %	0,018 %
Gehirnentzündung	0,1 %	0,000001 %
Mittelohrentzündung	5 %	0,0025 %
schwere, bakterielle Infektion	7 %	0 %
verminderte Anzahl von Blutplättchen	0,0004 %	0,000027 %
tödlicher Ausgang	0,1 % bis 30 %	0 %

2 *Krankheitssymptome mit und ohne Impfung*

Aufgabe 3 fordert die Schüler auf, eine *„Bewertung mit abschließender Entscheidung"* hinsichtlich der Frage durchzuführen, *„ob Säuglinge und Kleinkinder gegen Masern geimpft werden sollen oder nicht"*. Wie soll ein dermaßen oberflächlich mit dem Thema in Berührung gekommener Schüler eine abschließende Entscheidung hinsichtlich der Säuglinge und Kleinkinder fällen? Er ist völlig kenntnisfrei, wie Impfungen in welchem Alter wirken und welche Risiken damit verbunden sein können. Warum überhaupt plötzlich die Säuglinge und Kleinkinder ins Visier der Schüler geraten sollen, bleibt ihnen nach den Informationen, die sie erhalten haben, rätselhaft. Er müsste erst Kenntnisse über die Impfstrategie des Gesundheitswesens bekommen.

Da das Buch auf jegliche Quellenangabe verzichtet, schauen wir beim Robert-Koch-Institut nach. Die Jahrbücher des RKI von 2018 und 2019 vermelden 0 Todesfälle nach Masernerkrankung, das Jahrbuch 2020 genau einen.[135] Selbst die Wikipedia, die bei pharmarelevanten Themen nur mit großer Vorsicht zu benutzen ist, konstatiert zwischen 2001 und 2018 nur 8 Todesfälle, das sind 0,44 Fälle pro Jahr.[136]

Ob diese Todesfälle geimpft oder ungeimpft waren, weiß das Jahrbuch des RKI für 2018 nicht. In Abb.6.37.4 teilt es aber mit, dass von allen 543 Erkrankten des Berichtsjahres 98 geimpft waren, davon 19 vollständig und zeitgerecht.[137] Bei diesen Zahlen ist es kein Wunder, dass die Verfasser dieses Kapitels lieber ganz auf Quellen verzichten.

Die Website Impfkritik meldet, das Paul-Ehrlich-Institut, das für die Überwachung der Medikamente zuständig ist, unterschlage 10 Todesfälle nach Masernimpfung.[138] Dass überhaupt eine solche Seite existiert, ist nur als Reaktion auf die offizielle Gesundheitspolitik zu verstehen. Einem Schüler, der sich umfassend zu informieren lernen soll, darf eine solche Gegenposition nicht vorenthalten werden.

2.3 Pandemien

Die Seite 78 begrüßt den Leser mit einer Grafik, die an einen Soldatenfriedhof erinnert. 14 unterschiedlich große Holzkreuze stehen für 14 *Pandemien und Epidemien*. Bemerkenswert, dass die beiden Begriffe hier in einen Topf geworfen werden. Der Text erklärt den Unterschied, die Grafik unterscheidet lieber nicht, dann gäbe es den Friedhof nicht mehr. Die psychologische Absicht ist unverkennbar: Viren fegen alle paar Jahre durch die Welt und töten eine Unzahl von Menschen. Ohne das Bild des Friedhofs der Pandemieopfer könnten die genannten To-

---

[135] https://www.rki.de/DE/Content/Infekt/Jahrbuch/Jahrbuch_2018.pdf?__blob=publicationFile
https://www.rki.de/DE/Content/Infekt/Jahrbuch/Jahrbuch_2020.pdf?__blob=publicationFile
[136] https://de.wikipedia.org/wiki/Masern#Deutschland
[137] S.o., S.173
[138] https://www.impfkritik.de/pressespiegel/2019102803.html

deszahlen nur Kopfschütteln hervorrufen. Ein Kreuz ist sogar so klein, dass der Grafiker keine Jahreszahl mehr darstellen konnte. Die Opferzahl wird mit 1 angegeben.

Es gibt nach der WHO-Definition keine festgelegte Todesrate, die die Verwendung der Begriffe Pandemie und Epidemie festlegen würde. Das gibt der Politik sehr viel Spielraum in ihrer Deutungsmacht. Sehen wir uns die Zahlen an:

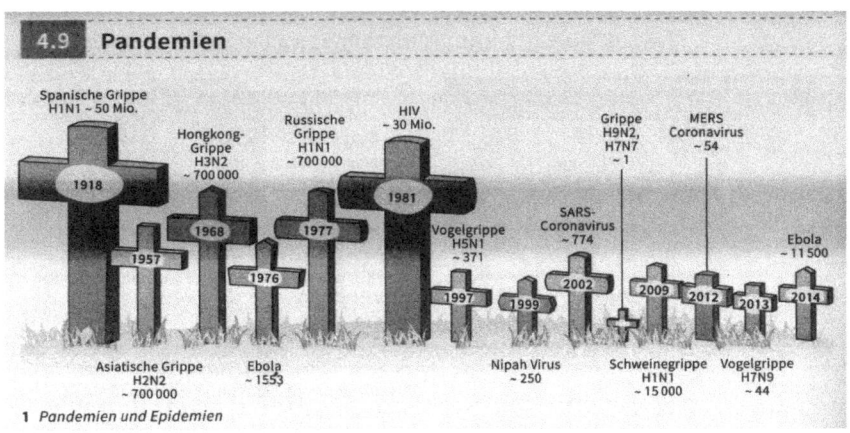

4.9 **Pandemien**

1 *Pandemien und Epidemien*

1918	Spanische Grippe H1N1	50 Mio.
1957	Asiatische Grippe H2N2	700.000
1968	Hongkonggrippe H2N2	700.000
1976	Ebola	1.553
1977	Russische Grippe H1N1	700.000
1981	HIV	30 Mio.
1997	Vogelgrippe	371
1999	Nipah Virus	250
2002	SARS-Coronavirus	774
O.J.	Grippe H9N2, H7N7	1
2009	Schweinegrippe H1N1	15.000
2012	MERS Coronavirus	54
2013	Vogelgrippe	44
2014	Ebola	11.500

Die Jahreszahlen beginnen 1918, die zweite ist 1957, und ab da werden die Zeiträume stetig kürzer, ab 2012 ploppt jedes Jahr eine Epidemie auf.

Die vorausschauende Weitsicht der Autoren hat in diese Liste auch zweimal das Coronavirus gelistet. Erstaunlich, denn das Robert-Koch-Institut hat sich vor 2020 für dieses Virus nie interessiert. Das RKI überwacht seit vielen Jahren mit Hilfe der Sentinel-Praxen, einem Verbund von über 700 Arztpraxen und 70 Krankenhäusern im gesamten Bundesgebiet, die alle bei ihnen aufschlagenden akuten respiratorischen Erkrankungen (ARE) melden.[139] Die Coronaviren hielt es bis dahin für irrelevant. Die absurd niedrigen Todesfälle in obiger Statistik geben ihm recht.

Die Spanische Grippe forderte als einzige Grippeepidemie der Geschichte Millionen von Toten. Sie trat als einzige Pandemie in drei Wellen auf. Insbesondere die 20- bis 40-Jährigen, verstärkt die 25- bis 29-Jährigen starben, sehr ungewöhnlich für eine Grippe.[140] In den letzten zwei Jahren wurden in alternativen Medien Stimmen laut, die darin ein Impfdesaster sehen wollen. Die Spanische Grippe sei vermutlich zuerst im südlichen Mittelwesten der USA beobachtet worden, als Soldaten für den Einsatz in Europa nach ihrem Kriegseintritt im April 1917 geimpft wurden. Im Ersten Weltkrieg seien die Soldaten zum ersten Mal umfassend gegen Pest, Typhus, Keuchhusten und Pocken geimpft worden, die Impfungen hätten deren Immunsystem geschwächt und empfänglich gemacht für das Influenzavirus. Wenn die Soldaten krank würden, hätte man mit weiteren Impfungen die Erkrankung bekämpft, so sei es zu der nächsten Todeswelle gekommen. Hinzu seien kriegsbedingte Unterernährung weiter Bevölkerungskreise und damit einhergehend Unterversorgung mit Vitaminen gekommen. Berichte der Zeit erzählen, dass in manchen Orten nur Geimpfte starben, von den Nicht-

---

[139] https://www.rki.de/DE/Content/Infekt/Sentinel/sentinel_node.html
[140] https://www.heilpraxisnet.de/krankheiten/spanische-grippe-historie-ursachen-symptome/#Was_war_die_Ursache

geimpften niemand.[141] Den Namen habe diese Grippepandemie deshalb bekommen, weil Spanien kein Kriegsteilnehmer war und durch entsprechende Meldungen keinen strategischen Nachteil befürchten musste.[142] Diverse Faktenchecker widerlegen das soeben Dargelegte mit dem Hinweis darauf, dass 1918 noch gar kein Impfstoff gegen Grippe existierte, sondern erst in den 1940er Jahren entwickelt wurde.[143] Damit geht die Widerlegung an der Argumentation der Gegenseite vorbei. Pockenimpfstoffe gab es schon im 18.Jhdt, der Durchbruch kam mit Edward Jenners Entdeckung des Zusammenhangs von Pocken und Kuhpocken um 1800, einen Typhusimpfstoff gab es seit 1896, Pestimpfstoff wurde erstmals 1907 auf den Philippinen zur Anwendung gebracht, die Keuchhustenimpfung gab es seit 1914, und jede Impfung belastet das Immunsystem. Lassen wir es dahingestellt, bis gründliche Forschungen Licht in den Sachverhalt getragen haben.

Die Russische Grippe 1977 wurde zuerst von der Sowjetunion an die WHO gemeldet und erhielt deshalb den Namen *Russian Flu*. Der erste Ausbruch ist aber wohl in Nordchina gewesen, von da ging sie nach Sibirien, in den Süden Chinas und nach Hongkong, dann weiter nach Großbritannien und in die USA. [144] Sie blieb mit wenigen Ausnahmen auf Personen unter 26 Jahren beschränkt und wird als *relativ gutartig*[145] beschrieben. Sind 700.000 Tote weltweit viel oder wenig? Auch hier verschiebt sich die Perspektive durch einen Vergleich. Statista meldet für 2019 10,85 Mio. Tote weltweit durch Bluthochdruck, 7,69 Mio. durch Rauchen, 5,02 Mio. durch Fettleibigkeit.[146] Globometer weist 8

---

[141] https://forum.beobachter.ch/forum/thread/233384-spanische-grippe-1918-1920-nur-geimpfte-erkrankten/

[142] Eine sehr detaillierte Übersicht bietet der Impfreport, im Internet abrufbar unter: https://www.impf-report.de/download/impf-report_2005.pdf

[143] https://correctiv.org/faktencheck/2020/12/04/es-gab-keinen-impfstoff-gegen-die-spanische-grippe-1918-daher-konnte-niemand-an-einer-impfung-sterben/

[144] https://en.wikipedia.org/wiki/1977_Russian_flu

[145] ebenda: "The Russian flu was relatively benign"

[146] https://de.statista.com/statistik/daten/studie/1172006/umfrage/todesfaelle-weltweit-aufgrund-ausgewaehlter-risikofaktoren/

Mio. Tote jedes Jahr durch verschmutztes Wasser aus.[147] Sind 700.000 Tote durch die Russische Grippe viel oder wenig?

Das Nipah-Virus ging 1999 in Singapur, Bangladesch, Indien und Malaysia um.[148] Malaysia meldete zwischen September 1998 und April 1999 265 Fälle, 105 verstarben, in Singapur verstarb von 11 Fällen ein einziger. Für Indien gibt die englische Wikipedia keine Zahlen an, wohl aber weitere Ausbrüche in 2003, 2004 und 2005. Von der im Schulbuch genannten Zahl von ca. 250 Toten dürfte die Hälfte auf Indien fallen, das wären auf die Bevölkerung hochgerechnet 0,00001%. Um das einmal zu visualisieren, würden das auf einem Fußballfeld von 75x110 m (für internationale Spiele) nur 3x3 cm sein und etwa ein Zwanzigstel des Elfmeterpunktes bedecken. Selbst der Torwart hätte Probleme, die Stelle zu sehen, die Tribünen bräuchten gute Feldstecher – und zwar mit einer Art optischen PCR-Technologie.

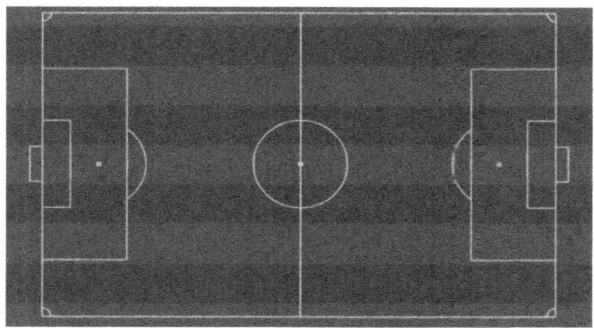

Die Schweinegrippe von 2009 hat nach WHO-Meldung 18.449 im Labor bestätigte Todesfälle verursacht. Laut Schätzungen der WHO lag die tatsächliche Opferzahl bei etwa 284.000 (zwischen 150.000 und 575.000).[149] Das sind Schätzungen einer Organisation, die im April 2009 ihre Definition von einer Pandemie geändert hatte, jetzt war die

[147] https://de.globometer.com/todesfaelle-wasser.php
[148] https://en.wikipedia.org/wiki/Nipah_virus
[149] https://en.wikipedia.org/wiki/2009_swine_flu_pandemic

Zahl der Todesfälle keine Voraussetzung mehr für eine Ausrufung. Im April 2009 gingen Nachrichten über den Ausbruch einer Schweinegrippe in Mexiko über die Nachrichtenticker, im Mai errechnete der Biomathematiker Neil Ferguson, der eng mit den Impfstoffherstellern Baxter, GSK und Roche zusammenarbeitete, aus wenigen Hundert Fällen in Mexiko und den Passagierzahlen der mexikanischen Tourismusbehörde ein Ausbreitungsszenario bedrohlichen Ausmaßes. Wen die Zusammenarbeit von Politik, Pharmaindustrie und WHO für die dann folgende Schweinegrippepandemie näher interessiert, dem sei das Buch „Falsche Pandemien" von Wolfgang Wodarg empfohlen.[150]

Die DLRG vermeldet für das Jahr 2016 537 Todesfälle durch Ertrinken,[151] das RKI schätzt die nosokomialen Infektionen 2019 auf 400.000 bis 600.000 und geht von 10.000 bis 20.000 Todesfällen aus.[152] Das Spiel mit Vergleichszahlen ließe sich beliebig fortsetzen. Vorsicht vor Gewässern oder Krankenhauseinweisungen schüren keine Angst vor Viren, ein Vergleich würde den Schülern aber die groteske Dimension vor Augen führen, wenn Pandemien oder Epidemien mit 44, 250 oder 1553 Toten weltweit im Schulbuch als Totenfriedhof visualisiert werden.
Zum MERS-Coronavirus 2012 titelte der Bayerische Rundfunk am 23.2.2021 auf seiner Homepage: „MERS-Coronavirus: Warum gab es 2012/13 keine Pandemie?[153] Und das Epidemiologische Bulletin des Robert-Koch-Instituts 31/2013 insgesamt 84 Kontaktpersonen, von

---

[150] Wolfgang Wodarg, Falsche Pandemien. Argumente gegen die Herrschaft der Angst. Rubikon, München 2012, S.74
[151] https://www.dlrg.de/fileadmin/user_upload/DLRG.de/Fuer-Mitglieder/ AA_DLRG2019/ die_dlrg/Presse/Statistik_Ertrinken/2016/dlrg-presse-ertrinken-geschlecht-2016.pdf
[152] https://www.aerztezeitung.de/Medizin/Bis-zu-20000-Tote-durch-nosokomiale-Infektionen-403976.html https://www.rki.de/DE/Content/Service/Presse/Pressemitteilungen/ 2019/14_2019.html
[153] https://www.br.de/nachrichten/wissen/mers-coronavirus-warum-gab-es-2012-13-keine-pandemie,SPpkj7c

denen 10 einen akuten Atemwegsinfekt entwickelten.[154] Todesfälle
meldet es für Deutschland nicht.

Besonders bemerkenswert ist das kleine Kreuz ohne Jahr (zwischen
2002 und 2009) mit der Bezeichnung *Grippe H9N2, H7N7*. Es steht mit
einem Toten zu Buche. Das sind Vogelgrippeviren. Im August 2006
wurden in Voorthuizen in den Niederlanden 25.000 Hühner als Vor-
sichtsmaßnahmen gekeult. Der eine Tote stellt die Frage in den Raum,
ob der Widerstand des Bauern ihn bis in die Keulung getrieben haben
könnte.

Nachdem die Autoren soviel Mühe aufgewendet haben, eine stetig
dichtere Kette von Pandemien ins Schulbuch zu malen, fehlt nur noch
das Weihwasser eines echten Wissenschaftlers:
  *„Jeffrey K. Taubenberger, amerikanischer Virologe, macht folgende
  Aussage: „Daher könnte man sagen, dass wir in einer Pandemie-
  Ära leben, die 1918 begann.“*[155]
So werden die Schüler darauf eingestimmt, dass nach der aktuellen
Pandemie schon bald die nächste folgen wird.
Taubenberger begann seine Karriere am National Cancer Institute, einer
Einrichtung der National Institutes of Health, die mit der Bill & Melin-
da Gates Foundation zusammenarbeiten.[156] 1993 wechselte er ins neu
gegründete *Armed Forces Institute of Pathology* des US-Militärs. Er
gilt als derjenige, der das Virus der Spanischen Grippe identifiziert hat.
Bill Gates und das Pentagon förderten seine Karriere.

---

[154] https://www.rki.de/DE/Content/Infekt/EpidBull/Archiv/2013/Ausgaben/31_13.pdf?
__blob=publicationFile S.288
[155] Bioskop 9/10, S.79
[156] https://www.fic.nih.gov/News/Pages/2013-bill-gates-nih-barmes-global-health-lec-
ture.aspx
https://www.nih.gov/about-nih/who-we-are/nih-director/statements/new-phase-coope-
ration-between-nih-bill-melinda-gates-foundation

Dass die Influenza eine Jahr für Jahr auf der Lauer liegende Gefahr sei, will das Schulbuch unseren Jugendlichen ins Bewusstsein bringen:

„Auch heute noch fordert die Influenza jährlich etwa drei bis fünf Millionen Todesopfer, in Deutschland durchschnittlich 20 000."[157]

Woher die Schulbuchautoren diese Zahl haben, sagen sie nicht, sie haben sie jedenfalls nicht von statista.de. Deren Übersicht zur *mit Influenza assoziierten Übersterblichkeit* weist für den Zeitraum 1994 -2021 nur fünf Jahre aus, in denen die 20.000er Marke überhaupt erreicht wurde, in der Spitze 25.100, dafür aber 13 Jahre mit Werten unter 1000 Sterbefällen, darunter drei Jahre ohne einen einzigen, die anderen Jahre liegen zwischen 2.500 und 18.700.[158]

2.4 Wiederholen – Üben – Festigen

Eine Grafik zeigt die Veränderung von Oberflächenstrukturen bei Grippeviren. Drei Modelle eines Grippevirus symbolisieren die Krankheit für drei aufeinanderfolgende Jahre. Jedes Modell hat drei Greifhändchen, daneben eine Spritze mit drei Antigenen, die den Händchen des ersten Jahres entsprechen. Das Modell des zweiten Jahrs hat ein Greifhändchen verändert, im dritten Jahr sind zwei komplett neu, das dritte Händchen war schon im ersten Jahr einmal dabei.

Die Aufgaben dazu lauten: „a) *Begründe, weshalb man sich im 2. Jahr gegen eine Impfkampagne entschieden hat. b) Stelle eine Hypothese auf, ob man*

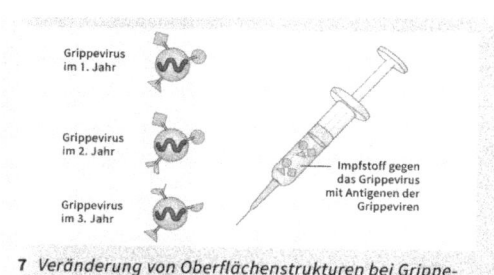

7 *Veränderung von Oberflächenstrukturen bei Grippeviren*

---

[157] bioskop 9/10, S.78
[158] https://de.statista.com/statistik/daten/studie/405363/umfrage/influenza-assoziierte-uebersterblichkeit-exzess-mortalitaet-in-deutschland/

sich im 3. Jahr für eine Impfkampagne entscheiden wird. "[159]
Diese Aufgaben schweben im wirklichkeitsfreien Raum ohne Bezug
auf ein bestimmtes Jahr und eine bestimmte Region. Sich vorzustellen,
dass die Pharmaindustrie überhaupt jemals in einer Grippesaison auf
eine Impfung verzichtet hat oder je verzichten wird, steht jedem frei.

Sei's drum, die Schüler sollen feststellen, dass der Impfstoff perfekt
zum Virus des ersten Jahres passte, wegen der Mutation des Virus im
zweiten Jahr eine Impfung mit dem alten Impfstoff aber nicht geraten
schien. Wie die Schüler eine Hypothese zum dritten Jahr mit einem
deutlich veränderten Virus aufstellen sollen, bleibt rätselhaft. Sie kennen ja nicht einmal den bis dahin entwickelten Impfstoff. Angesichts
der bestenfalls als rudimentär zu bezeichnenden Informationen ist das
eine sachlich sinnfreie Aufgabe mit einer politisch manipulierenden
Absicht. Sie hat die Funktion, das Bild einer verantwortungsvollen
Pharmaindustrie und Gesundheitspolitik in die Köpfe zu bekommen,
die nur dann impfen würden, wenn der Erfolg sicher sei. Sonst entschieden sie sich dagegen.

2.5 Fazit

Das Schulbuch bioskop 9/10 gibt sich alle Mühe, Viren als permanente
Bedrohung von Gesundheit und Leben darzustellen. Einen sicheren
Schutz davor böten Impfungen, die Pharmaindustrie sei verantwor-
tungsvoll und habe die Gesundheit im Blick. Hier verlässt das Buch
den Bereich der Biologie und begibt sich auf ein politisches Feld, es
wird durch einseitige Information Interessenvertreter einer Industrie-
sparte.

---

[159] bioskop 9/10, S.85

Deutlich wird das im Vergleich mit einem ein Jahrzehnt älteren Biologiebuch. In den 2010er Jahren arbeiteten viele Schulen mit Bios 7-10, Diesterweg, Braunschweig 2006. Die Zahlen bedeuten, dass es ein Gesamtband für die Jahrgänge 7 bis 10 war. Dieses Schulbuch präsentiert am Beispiel eingedrungener Grippeviren eine Grafik, wie das Immunsystem funktioniert. In Großbuchstaben werden die 1. Verteidigungslinie: Haut und Schleimhäute, die 2. Verteidigungslinie: unspezifische Immunabwehr, und die 3. Verteidigungslinie: spezifische Immunabwehr benannt und erklärt. Darauf hat bioskop 9/10 verzichtet. Die psychologische Wirkung auf den Schüler ist eine andere: Er fühlt sich doch ganz gut geschützt und weniger bedroht. Vergleichen wir die Masernimpfung! Bios 7-10 stellt sechs virale Infektionskrankheiten mit ihrem Verlauf und ihren Symptomen vor. Ohne Panikmache, ohne Todeszahlen, für die Masern bestehe *„als Komplikation Hirnhautentzündung".*

Nüchtern beschreiben die Autoren die Erfahrungen vieler, die Masern erlebt haben: *„Viele Kinderkrankheiten wie die Masern führen oft zu einer lebenslangen Immunität. Erläutere, was in deinem Körper passiert, wenn du schon Masern hattest und erneut mit dem Erreger in Kontakt kommst.*[160]

Bioskop fokussiert sich 2018 hingegen ganz auf die Masern und nennt sonst nur noch die Kinderlähmung. Auch 2006 gibt es eine Aufgabe, die die Schüler fragt, gegen welche der Infektionskrankheiten geimpft werde, verbunden mit der Aufforderung, die Ergebnisse mit dem eigenen Impfpass abzugleichen. Aber der Unterschied ist wie der zwischen einem Harfenakkord und einem Schlagzeugsolo. Wann kam nochmal die Impfpflicht für Masern? Ja, zum 1.3.2020 trat sie in Kraft.

Eine letzte Bemerkung: Nach der Lektüre von bioskop 9/10 mit seinen aneinandergereihten Hauptsätzen, oft aus 6 bis 8 Wörtern bestehend, die ab und an mal mit einem Relativsatz erweitert sind, wirkt der Text von Bios 7-10 mit seinen gelegentlich konditionalen, kausalen und konzessiven Nebensätzen und überhaupt deutlich längeren Sätzen fast

---

[160] Bios 7-10, S. 334 und S.330

schon intellektuell. Das will offenbar niemand mehr den Schülern zumuten, in Niedersachsen ist Bios 7-10 nicht mehr zugelassen. Ganz nach dem Landesmotto: *Niedersachsen. Klar.*[161]

---

[161] https://www.dein-niedersachsen.de/nachrichten/niedersachsen-klar-0000196/:„Den Claim „Niedersachsen. Klar." hat die Landesregierung nicht ohne Grund ausgewählt. In einem Verfahren mit mehreren Agenturen und Dienstleistern fiel die Entscheidung aus mehreren Gründen für das kurze und prägnante „klar" als Erweiterung zum Namen des Bundeslandes aus. Es steht für die trockene, klare Kante der Niedersachsen. Es steht für die klare Luft und den klaren Himmel. Für das weite Meer und die klaren Landschaften. „Klar" steht für das, wie Niedersachsen denken, reden und handeln: bodenständig und auf den Punkt."

3. Erdkunde

Terra, Erdkunde 3 Gymnasium, Klett 2016
Kapitel 6: Globale Herausforderungen

Auf 18 Seiten behandelt das Kapitel den Klimawandel, es folgen 16
Seiten zu Rohstoffen und Wasser. Wir beschränken uns auf die Darstellung des Klimawandels.

Überblick über das Kapitel zum Klimawandel:

Wissenschaft lebt vom Diskurs. Eine der Wissenschaft verpflichtete
Darstellung des Themas Klimawandel könnte mit der Feststellung beginnen, dass sich das Klima in der Erdgeschichte immer gewandelt hat.
Sie muss die kontroversen Positionen zum Einfluss des Menschen, der
Treibhausgase und der Sonne referieren und alle bekannten Parameter
erörtern.
Eine Religion verkündet „Wahrheit". Eine Darstellung des Themas mit
forcierter Akzentuierung der Aufheizung der Atmosphäre durch fossile
Energieträger und dem Anstieg des Meeresspiegels ohne weitere Dis

kussion greift zwei biblische Urängste des Menschen auf: Sintflut[162] und Höllenfeuer.[163]

Die Auftaktdoppelseite *Globale Herausforderungen* zeigt auf der linken Seite eine vom Tagebau verwüstete Landschaft, im Hintergrund ein großes Kraftwerk mit mehreren dampfenden Schornsteinen, die rechte Seite eine Eisbärenmama mit zwei kleinen Eisbärkindern auf einer Eisscholle so klein, dass sie keinen Schritt mehr gehen können. Fast schon

verzweifelt schauen sie den Betrachter an.

Den ersten Satz *„unsere Erde ist im Stress"* wird der Schüler erst einmal auf die Eisbären beziehen. Die Pauschalanklage unserer Lebens- und Wirtschaftsweise schließt mit Darwins Spruch vom *„Survival oft he fittest"*: *Nur wer sich anpassen kann, wird überleben. Sind wir Men-*

---

[162] Sintflut: 1.Mose, 7,10-24
[163] Höllenfeuer:
Matthäus 13,36-43: *„Der Menschensohn wird seine Engel aussenden und sie werden aus seinem Reich alle zusammenholen, die andere verführt und Gesetzloses getan haben, 42 und werden sie in den Feuerofen werfen. Dort wird Heulen und Zähneknirschen sein."* Ebenso Matthäus 5,21f.
Das christliche Höllenbild prägte allen voran Augustinus in der Civitas Dei: *„Gehenna, die auch Feuer- und Schwefelpfuhl heißt"*, werde *„ein körperhaftes Feuer sein und die Leiber der Verdammten peinigen"* (21.10)

Der Islam macht es nicht anderes: Koran, Sure 4,59: *„Siehe, wer da unsre Zeichen verleugnet, den werden wir im Feuer brennen lassen. Sooft ihre Haut gar ist, geben wir ihnen eine andre Haut, damit sie die Strafe schmecken"*.
„Das Höllenfeuer hat sieben Tore (siehe Sûra 15:43-44) und es wurde für die Übeltäter vorbereitet. In einem Hadîth sagt der Prophet (möge Allah ihn in Ehren halten und ihm Wohlergehen schenken), dass die Hitze des Höllenfeuers im Vergleich zum Feuer des Diesseits 70 mal stärker ist (Al-Buchârî)". Aus: https://www.islamweb.net/de/article/227821/Beschreibung-des-H246llenfeuers

schen fit genug für diese Herausforderung?"[164]
Die Botschaft an die Schüler vorweg lautet, wir müssten etwas tun,
etwas verändern, sonst würden wir demnächst die Hitzehölle erleben.
Wer dem geltenden Narrativ folgt, der Klimawandel zerstöre mit seiner
Eisschmelze die Lebensgrundlagen der Eisbären, dem sei der Vortrag
von Werner Kirstein empfohlen, Professor für Klimatologie an der
Universität Leipzig, auf YouTube abrufbar: „Klimawandel: „Eisbären
leben nicht vom Eislutschen".[165] Seit 600.000 Jahren leben Eisbären in
der Arktis, sie leben von Robben. Ihre Population hängt von der Anzahl
der jagdbaren Robben ab und diese von der Jagd des Menschen. Eisbären können auch in mitteleuropäischen Zoos leben.

Das Buch folgt dem Doppelseitenprinzip, jeder behandelte Aspekt bekommt also den gleichen Raum. Auch dieses Buch verzichtet auf jegliche Quellenangabe zur Herkunft der Grafiken, auch der Bildernachweis
S. 182-183 weist sie nicht aus.

3.1. Indizien für den Klimawandel (S.172-173)

Die nächste Doppelseite zeigt eine Weltkarte mit 23 Markierungen für
Wetterkatastrophen zwischen 2003 und 2014: Vom arktischen Meereis,
einem Hurrikan in Mexiko, Starkregen in Zimbabwe, einer Kältewelle
in Südamerika über den um 17 Tage vorfristigen Beginn der Forsy-
thienblüte 2014 in Hamburg und von neuen Fischarten in der Nordsee
bis zur Rekordhitze in Australien 2014.
Ivar Gjaever, norwegischer Physiker und Nobelpreisträger, kritisierte
auf dem Treffen der Nobelpreisträger 2015 in Lindau: *„Wenn der Kli-*

---

[164] Terra 3, S.171
[165] https://www.youtube.com/watch?v=jdQiSWY1GWo
oder bei eingeschenkt.tv: https://eingeschenkt.tv/werner-kirstein-klimawandel-wird-
die-wissenschaft-politisch-beeinflusst/ zu den Eisbären ab Minute 54:02.

mawandel die Leute nicht erschreckt, dann erschreckt man die Leute mit Wetterextremen".[166]

Die linke Spalte der linken Seite erklärt dazu:

„Das 'Intergovernmental Panel on Climate Change'(IPCC), kurz Weltklimarat genannt, ist ein zwischenstaatlicher Ausschuss für Klimaänderungen, dem fast alle Staaten der Welt angehören. Er hat aufgrund der jahrzehntelangen Messdaten zum globalen Klima im Jahr 2007 festgestellt, dass sich das Klimasystem der Erde 'eindeutig' erwärmt.".

Das IPCC wird im Buch als eine wissenschaftliche Einrichtung vorgestellt, es ist aber eine politische Einrichtung. Die Regierungen nominieren Fachleute, die sich ihr Autorenteam zusammenstellen. Deren Berichte werden vor der Veröffentlichung von den Regierungen begutachtet. Prof Weingart, Direktor des Instituts für Wissenschafts- und Technikforschung der Universität Bielefeld, hält es für problematisch, wenn Politiker ihre Berater selbst auswählen: „Politiker beauftragen meist Forscher, die ihre eigene Überzeugung teilen."[167]
Ivar Gjaever kritisierte, er sei in den zwei Jahren seiner Mitarbeit im IPCC umgeben gewesen von Politologen, Wirtschafts- und Gesellschaftswissenschaftlern, die mit Klimaforschung nichts zu tun haben.
Weiter heißt es im Begleittext:

„Verstärkt schmilzt das Eis auch in der Antarktis und auf den Kontinenten ab. Im Südpazifik steigt der Meeresspiegel um 25mm pro Jahr. In den nächsten 50 Jahren wird der Anstieg mindesten einen Meter betragen. Inselstaaten wie Samoa, Kiribati oder die Marshall-Inseln, die sich knapp über den Meeresspiegel erheben, sind bedroht." In eklatantem Widerspruch dazu steht der Eintrag auf der Karte zur Antarktis: *„Das antarktische Meerei* zeigt im September*

---

[166] Nobelpreisträger Ivar Giaever zum Klimawandel (Lindau 2015 Nobel Laureate Meeting) – deutsch: https://www.youtube.com/watch?v=dWHzZBTpRgU; ab Minute 11:53
[167] http://www.zeit.de/2007/06/IPCC-Bericht [Stand 2010-05-05]

2014 mit 6,6% über dem Normalwert eine seiner größten Ausdehnungen. "

Ganz abgesehen davon, dass das Buch im letzten Zitat einen *Normalwert* als statische Größe suggeriert, für sich genommen schon Unsinn, hätte den Autoren wenigstens auffallen müssen, dass sie hier den Begleittext konterkarieren. Es sei denn, die heimliche Botschaft soll sein, dass die Schüler alles und auch dessen Gegenteil als Zeichen für einen bedrohlichen Klimawandel nehmen. So argumentieren auch unsere Klimaforscher, doch dazu später.

3.2 Klimawandel – na und? (S.174-175)

„Detektivarbeit: Klimageschichte der Erde" ist folgender Absatz S.174 überschrieben:

„Die Detektivarbeit der Wissenschaftler brachte erstaunliche Ergebnisse. So war z.B. selbst die Zusammensetzung der Atmosphäre nicht konstant...

Ja, wer hätte das gedacht! Schon Heraklit wusste *„panta rhei"*, alles fließt, alles verändert sich permanent, nichts bleibt, wie es ist. Was soll an der simplen Erkenntnis von Klimaschwankungen in der Erdgeschichte *„erstaunlich"* sein?

„Es zeigte sich zudem, dass es immer wieder in der Erdgeschichte dramatische Klimaschwankungen gab. Der Normalzustand unseres Planeten ist demnach eisfrei, ohne vereiste Polkappen und großflächige Inlandvergletscherung bei einer durchschnittlichen Temperatur von 22°C. "

Die Logik ist nichts für mitdenkende Schüler. Wenn es immer Klimaschwankungen gab, wie kann man folgern, dass *„demnach"* der *Normalzustand* der Erde eisfrei ist? Was ist ein *Normalzustand*, wenn das Klima sich schon immer änderte? Ist der „Normalzustand" des Menschen die 30jährige weiße Frau mit unzureichendem Immunsystem?

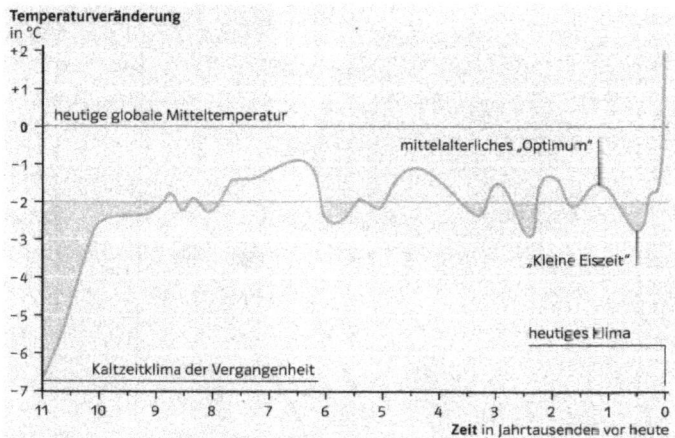

3 Temperaturveränderung der letzten 11000 Jahre

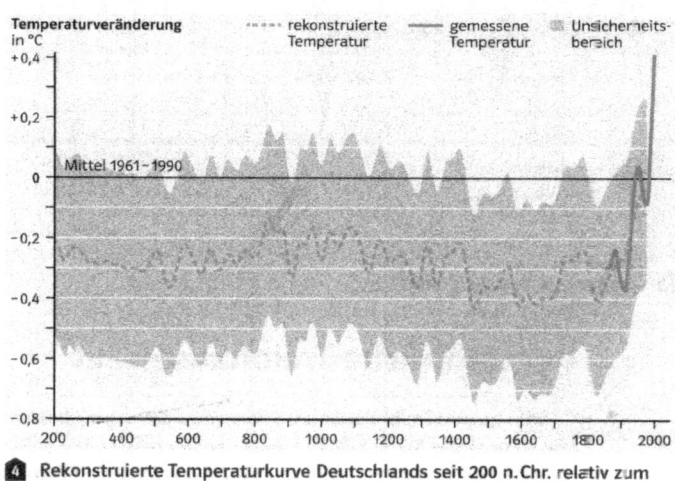

4 Rekonstruierte Temperaturkurve Deutschlands seit 200 n.Chr. relativ zum Mittel 1961–1990

Auch die Religion verzichtet gerne auf Logik, für die Wissenschaft aber bedeutet das ihr Ableben.

Die nächste Überraschung wartet in der Beschreibung des natürlichen Treibhauseffekts:

„Dieser Treibhauseffekt bewirkt die derzeit lebensfreundliche Erd-
mitteltemperatur von +15°C – ohne Atmosphäre läge sie bei
-18°C. "
Halten wir fest: Derzeit haben wir eine Erdmitteltemperatur von 15°C!
Behalten Sie die Zahl im Gedächtnis, wir werden uns noch wundern.

Und noch eine Wunderlichkeit: Zwei Grafiken direkt untereinander, die
erste zeigt die *„Temperaturveränderung der letzten 11.000 Jahre "*. Für
die Zeit „0", d.i. heute, ist ein Anstieg von +2°C ausgewiesen, bezogen
auf die *heutige globale Mitteltemperatur.* Wie kann die aktuelle Tempe-

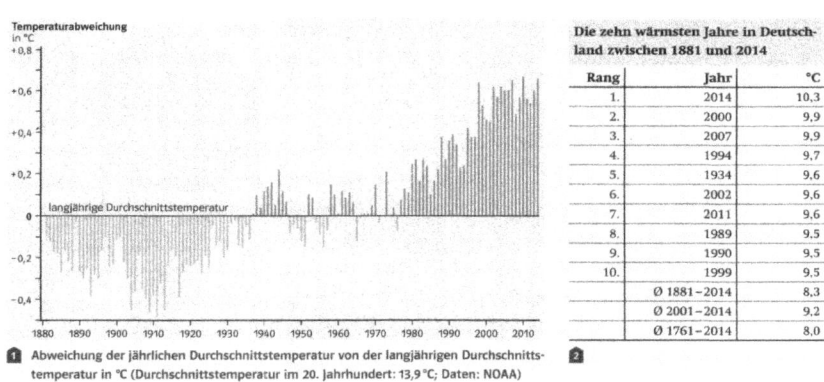

Abweichung der jährlichen Durchschnittstemperatur von der langjährigen Durchschnittstemperatur in °C (Durchschnittstemperatur im 20. Jahrhundert: 13,9 °C; Daten: NOAA)

Die zehn wärmsten Jahre in Deutschland zwischen 1881 und 2014

Rang	Jahr	°C
1.	2014	10,3
2.	2000	9,9
3.	2007	9,9
4.	1994	9,7
5.	1934	9,6
6.	2002	9,6
7.	2011	9,6
8.	1989	9,5
9.	1990	9,5
10.	1999	9,5
Ø 1881–2014		8,3
Ø 2001–2014		9,2
Ø 1761–2014		8,0

ratur 2°C über der *heutigen* globalen Mitteltemperatur liegen?
Die zweite Grafik rekonstruiert die Temperaturkurve für Deutschland
der letzten 1800 Jahre mit einem Temperaturanstieg von 0,4°C für die
letzten 50 Jahre gegenüber dem Mittelwert von 1961-1990. Der Unsi-
cherheitsbereich ist grau unterlegt, es könnten auch -0,3 °C sein. Groß-
artig! Beide Grafiken sind so grob und ungenau, dass der Leser Ge-
naueres nur vermuten kann. Wichtig ist nur der Eindruck einer dramatischen Erwärmung in den letzten Jahren, beide Male gehen die Kurven
ganz am Ende fast senkrecht nach oben. Drei Seiten später wird noch
eine dritte Grafik kommen: „Abweichung der jährlichen Durchschnittstemperatur von der langjährigen Durchschnittstemperatur in °C.

Da erfährt der verblüffte Schüler, dass seit etwa 1980 die Temperatur-
abweichung bei +0,6 °C liegt. Derartig nachlässig recherchierte und
inkonsistente Materialien dürfte etlichen Schülern geraten sein lassen,
sich nicht mehr näher mit dem Thema zu beschäftigen und einfach „der
Wissenschaft zu vertrauen".

Einige Forscher sehen in der Sonne als alleiniger Energiequelle für die
Temperaturen auf der Erde den entscheidenden Faktor für den Klimawandel. Das Buch greift das auf:

*„Klimaschwankungen können unterschiedliche natürliche Ursachen
haben. Exogen sind alle Einflüsse seitens der Sonne, seien es Ver-
änderungen der Solarstrahlung oder die Zahl der Sonnenflecken. Es
gibt z.B. einen Sonnenfleckenzyklus. Dieser bewirkt in einem 11-jäh-
rigen Rhythmus, dass der Strahlungshaushalt der Erde schwankt, da
auf der Erdoberfläche entweder mehr oder weniger Sonnenenergie
und damit Wärme ankommt."*

Dann folgen noch knappe Hinweise auf den Vulkanismus, die Plattentektonik und die Verschiebung des Neigungswinkels der Polachse als
endogene Ursachen. *„Beide Ursachen wirken auch aktuell, werden
aber überlagert von menschlichen Einflüssen."*

Hier passiert das, was Rainer Mausfeld Fragmentierung nennt. Einzel-
ne Fakten werden genannt, aber nicht in einen Zusammenhang gestellt.
Solch eine isolierte Information schützt die Autoren vor dem Vorwurf,
Wesentliches verschwiegen zu haben. Dem Leser hilft das aber keinen
Schritt weiter, er überliest oder vergisst es sofort, zumal ihm versichert
wird, sie würden *überlagert von menschlichen Einflüssen.*

Abschließend werden die Schüler aufgefordert, Stellung zu beziehen
*„zu der in der Überschrift enthaltenen These, dass die Diskussion
über den Klimawandel überflüssig sei, da sich das Klima schon immer gewandelt hat".*

Das ist ein direkter Hieb auf die Kritiker der politisch herrschenden
Lehre und dient der mentalen Disponierung der Schüler.

3.3 Der natürliche Treibhauseffekt (S.176-177)

Eine Grafik zeigt die Zusammensetzung der Atmosphäre in Prozent, Stickstoff 78,08 %; Sauerstoff 20,95%, Argon 0,93%, Spurengase 0,4%, unter den letzteren CO_2 400ppm, Methan 1,6 ppb. Diese Mengen in Prozent anzugeben, dafür bräuchte man zu viele Nullen. *ppm* sind parts per million, auf Prozente umgerechnet, ist CO_2 mit 0,04% dabei. *ppb* sind parts per billion, Methan ist mit 0,000000016 % in der Atmosphäre. Wasserdampf kommt in dieser Grafik nicht vor, nur Wasserstoff mit 500 ppb, in der Größenordnung von CO_2.

Eine Seite weiter gibt das Buch den Methangehalt – richtig - mit 190 ppb an. Der Widerspruch zeigt, mit wie wenig Sorgfalt die Autoren vorgegangen sind. Datenzuverlässigkeit scheint ihnen gleichgültig zu sein, solange die Grundaussage stimmt: Das Klima ist vom Menschen aus dem Gleichgewicht gekippt.

Die *Tabelle zum Beitrag von Wasserdampf und Treibhausgasen zum natürlichen Treibhauseffekt* schreibt dem Wasserdampf 62%, dem CO_2 22%, dem Methan 2,5% zu. Obwohl wir noch beim natürlichen Treibhauseffekt sind, behauptet der Autorentext:

> *„Neben dem dominanten Wasserdampf sind es mehrere Spurengase, die zwar nur einen geringen Anteil an der Zusammensetzung unserer Atmosphäre haben, aber dennoch für den Treibhauseffekt ausschlaggebend sind. Dabei spielt das Kohlenstoffdioxid (CO_2), meist verkürzt nur Kohlendioxid genannt, die wichtigste Rolle."*

Gut, dass das festgehalten wird, sonst könnte ein Schüler auf die fernliegende Idee kommen, die 62% hätten die ausschlaggebende Rolle, nicht die 22%.

Der anthropogene Treibhauseffekt wird auf der nächsten Doppelseite thematisiert werden, auf dieser sind wir erst beim natürlichen. Aber Vorsicht: Schon auf dieser Doppelseite ist zu lesen:

> *„Der menschliche Anteil am natürlichen Treibhauseffekt beträgt nur 2 Prozent, mit steigender Tendenz. 2% von 33°C sind aber gut 0,6°C*

– und das entspricht in etwa der aktuell gemessenen globalen Er-
wärmung. "

Die Alleinverantwortlichkeit des Menschen für den Klimawandel ist
den Autoren so wichtig, dass sie dafür gerne ihre Systematik verletzen.
Für welchen Zeitraum der Mensch diese 0,6°C zu verantworten hat,
wen interessiert das? Und was heißt *„aktuell gemessene Erwärmung"*?
Bezieht sich das auf 2016, das Erscheinungsjahr des Buches? Auf den
Zeitraum ab der industriellen Revolution?

Der Text geht noch weiter:

„Viele Treibhausgase werden immer wieder neu produziert in soge-
nannten 'Quellen'. Methan z.B. wird freigesetzt bei der Verdauung
vieler Tiere, etwa Rinder. "

Diese Information kommt nach dem Umblättern zum anthropogenen
Treibhauseffekt wieder auf den Tisch:

„Hinzu kommen weitere Effekte, die ebenfalls der Mensch auslöst.
Im groß angelegten Nassreisfeldbau setzen biologische Verrottungs-
prozesse unter Wasser Methan frei, ebenso wie in der Massentier-
zucht, wo die Tiere bei der Verdauung große Mengen dieses Gases
ausstoßen. Global betrachtet emittiert die Fleischproduktion mehr
Treibhausgase als der Verkehrssektor. "

Der Nassreisfeldbau und die Massentierzucht als Methanschleudern.
Die Chinesen sind ja ohnehin nicht sonderlich beliebt, und wer heute
noch Fleisch verzehrt, macht sich schuldig am Klima. Die Vegetarier
sind's, die werden die Welt retten.

Dieser Wahnsinn hat inzwischen wissenschaftliche Weihe. Bei Rostock
untersucht ein Leibniz-Institut, das Forschungsinstitut für Nutztiere
(FBN), ob alle Kühe gleich viel furzen. Sollte das nicht der Fall sein,
könnte auch die Rinderzucht ihren Beitrag zum Klimaschutz leisten.[168]

---

[168] https://www.agrarheute.com/tier/rind/forschung-methan-messstation-einzelzutritt-
fuer-kuehe-447757
und https://www.fbn-dummerstorf.de/ueber-uns/wissenschaftsorganisation-und-service/
tierexperimentelle-anlagen/experimentalanlage-rind/?L=1%27[0

3.4 Der anthropogene Treibhauseffekt (S.178-179)

Einige unter diesem Titel abgehandelte Punkte sind oben schon besprochen worden, die inkonsequente Strukturierung des Buches hat das erzwungen.

Die oben schon besprochene Grafik zu den *Temperaturabweichungen* (ohne regionale Angabe) wartet in der Legende mit einer Überraschung auf: Die Durchschnittstemperatur im 20. Jahrhundert gibt sie mit 13,9°C an. Sie erinnern sich an die Erdmitteltemperatur von 15°C?

Eine Tabelle (Grafik sieh oben) listet die 10 wärmsten Jahre in Deutschland zwischen 1881 und 2014 auf, 1989 und 1990 sind mit 9,5°C dabei, das wärmste Jahr 2014 hatte 10,3°C. Ist Deutschland ein Kälteloch? Gegen den Strich gelesen waren 11 von 14 Jahren nach der Jahrtausendwende kühler als 1989 und 1990.

Kommen wir zum Autorentext:

„Verursacher für die globale Erwärmung und den damit verbundenen Klimawandel ist der Mensch mit seinen Aktivitäten.

Mit dem Beginn der Industrialisierung nahm die Verbrennung fossiler Brennstoffe stark zu. In den unterirdischen Senken haben Kohle, Erdgas oder Erdöl seit Millionen Jahren große Mengen Kohlenstoffdioxid gebunden. An einem Tag verbrennt aber heute die Menschheit, wofür die Natur 500 000 Tage bzw. 1370 Jahre gebraucht hat – und setzt dieses CO_2 damit frei.“

Da wird sich der aufgeweckte Schüler wundern, dass so genau berechnet werden kann, wie lange die Natur für die Produktion einer Tagesdosis gebraucht hat. Aber wer auf Quellenbelege für seine Behauptungen ohnehin verzichtet, braucht auch die Berechnungsgrundlage solch einer Aussage nicht offenzulegen.

3.5 Exkurs: Fossile Brennstoffe

Was sind eigentlich „*unterirdische Senken*"? Gemeint sind offenbar die Erdöl- und Erdgasfelder weltweit. Doch warum sind das Senken? Das erklären die Ölbranche und die ARD: Sedimentablagerungen abgestorbener Biomasse sinken nach unten in 1000-3000 Meter Tiefe, wenn sich weitere Sedimente drauflegen.[169] Die fossile Entstehung von Erdöl und Erdgas geht auf eine Spekulation des russischen Naturwissenschaftlers Michail Lomonossow zurück, der um 1757 Holzreste in einem Erdölfeld gefunden hatte und daraus schloss, Erdöl seien zersetzte Pflanzen, die unter dem Druck des Erdinnern sich in Öl oder Gas wandelten. An den Universitäten wird heute allerorten genau das gelehrt.

Es gibt aber eine gänzlich andere Sicht. Der amerikanische Astrophysiker österreichischer Herkunft Thomas Gold widersprach schon 1998 in seinem Buch The Deep Hot Biosphere.[170]

Prof. Werner Kirstein schlägt in dieselbe Kerbe in einem Vortrag, der bei youtube abrufbar ist. Erdöl habe einen abiotischen (nicht biologischen) Ursprung aus den Tiefen der Erde. Der äußere Erdkern beginne in 2890 km Tiefe, er sei viel härter als der untere Erdmantel, der bis etwa 660 km Tiefe hochgehe. Die Grenzschicht zwischen diesen beiden Zonen sei von allen Diskontinuitäten der Erde in der Dichte und der Leitfähigkeit am stärksten ausgeprägt, durch Reibung würden Kohlenwasserstoffe freigesetzt, stiegen nach oben, verbänden sich mit Sauerstoff zu Kohlendioxid und weiter zu Erdöl und Erdgas, stiegen – vor allem durch Vulkanismus und Erdbeben - weiter nach oben, bis sie auf eine undurchlässige Schicht der Erdkruste stießen. Dort sammelten sie sich in den Erdöl- und Erdgasfeldern und könnten von oben angebohrt und gefördert werden.

---

[169] Ölbranche: https://www.youtube.com/watch?v=rXc04abhdjw Das Video hat die OMV produziert, sie ist ein in Wien börsennotierter Erdöl-, Erdgas- und Chemiekonzern.
ARD: https://www.youtube.com/watch?v=DhYL6gPWT2E
[170] Thomas Gold, The Deep Hot Biosphere. The Myth of Fossil Fuels. New York 1999.

Das sei der Grund, warum im Golf von Mexiko 200 km südlich von New Orleans 5.600 m unter der Erdoberfläche im Ölfeld *Thunder Horse* Öl gefunden wurde und gefördert werde. Die tiefste Bohrung im Golf von Mexiko sei auf 10,5 km heruntergegangen. Bei fossilem Ursprung des Öls sei das unerklärbar, bei abiotischem aber keine Überraschung. Auch dass Erdölfelder, die längst leergepumpt sein müssten, sich immer wieder auffüllten, sei ein Phänomen, das bei einer Entstehung aus der Tiefe der Erde keine Überraschung mehr sei. Die fossile Theorie kann auch nicht erklären, warum in gemäßigten Zonen mit großen Wäldern wenig, in Wüstengebieten aber und unter dem Meeresboden ungeheuer viel Öl- und Gasvorräte zu finden seien. Auf der Erdkruste schwimmen die Kontinentalplatten auf einer unvorstellbaren Menge an Kohlenwasserstoffen, die wegen der Kontinentaldrift durch Erdspalten nach oben kommen, und zwar da, wo die Platten aneinanderstoßen.[171]

Das EIKE, das Europäische Institut für Klima und Energie e.V., gilt als sehr umstritten, die Medien, die inzwischen viel finanzielle Unterstützung durch Regierung und mächtige NGOs bekommen, schweigen es tot. Dort haben sich meist ältere Wissenschaftler zusammengetan, um der These vom anthropogenen Klimawandel ihre Sicht entgegenzustellen.[172] Auf der EIKE-Website kommen Klimatologen, Geologen, Physiker, Glaziologen und andere zu Wort. Ihnen wird vorgeworfen, Gelder von der Ölindustrie zu nehmen. Wer ein Projekt startet, braucht Geld. Man sollte nicht übersehen, dass Institutionen wie beispielsweise das Potsdam Institut für Klimafolgenforschung, die die menschlichen Aktivitäten für Klimaänderung und extreme Umweltereignisse verantwortlich machen, mit endlosen Geldflüssen der Steuerzahler genährt werden. Die Ruheständler von EIKE sind aus diesem System raus und fühlen sich nur noch ihren Überzeugungen verpflichtet.

---

[171] Werner Kirstein, Peak Oil Wie lange reichen Erdöl und Erdgas wirklich? https://www.youtube.com/watch?v=yAEJD_Swn_U

[172] https://eike-klima-energie.eu/2010/02/08/oel-und-erdgas-ohne-ende-forscher-findet-hinweise-fuer-abiotische-entstehung-von-erdoel-und-erdgas/

Peak Oil ist der Zeitpunkt, wo die Fördermenge eines Ölfeldes ihr Maximum erreicht hat, ab da steigen die Kosten der Förderung, weil immer weniger Öl mit immer mehr Aufwand gefördert werden muss. Er wird aus den bekannten zur Verfügung stehenden Ölvolumen errechnet. Die erste Vorhersage des Peak Oil stammt von 1919 und schätzte ihn auf 1939. Das war wohl ein kleiner Irrtum. 1972 schätzten Esso und die Vereinten Nationen, Peak Oil sei für das Jahr 2000 zu erwarten, 2013 stellte die OPEC jedoch eine neue Rekordhöhe für die verbleibenden Reserven fest. Von Jahrzehnt zu Jahrzehnt stieg die Fördermenge und steigt bis heute. Seitdem wird Peak Oil immer wieder neu errechnet, immer weiter nach hinten geschoben mit immer längeren Laufzeiten. Aktuell sind wir bei 2037.[173]

Wenn das Narrativ der fossilen Herkunft in den Köpfen der Menschen fest verankert ist – das geht über Schulen, Universitäten und Medien –, dann wissen sie, Öl und Gas sind nur begrenzt verfügbar. Wir müssen den Ölkonzernen dankbar für ihren Aufwand sein, Umweltkatastrophen wie *Deepwater Horizon* (2010) hinnehmen und für dieses knappe Gut einen entsprechenden Preis zahlen. Die profitierenden Konzerne und Förderstaaten werden reich, sehr reich, superreich. Würde die feste Überzeugung der fossilen Entstehung aber ins Wanken geraten und durch das Bild der sich permanent wieder füllenden Ölfelder ersetzt werden, drohten die Preise zu fallen.

Zum Thema zurück: Ob Erdöl und Erdgas nun biotisch oder abiotisch entstehen, brauchen wir hier nicht zu entscheiden. Den Schülern und Studenten aber müssten beide Erklärungsansätze gebührend nahegebracht werden. Nur mit dieser umfassenden Information können sie zu einem eigenen Urteil kommen. Das Verschweigen der zweiten These ist nicht wissenschaftlich, sondern eine Form von Religionsersatz in einem wissenschaftlichen Bananenrock.

---

[173] https://en.wikipedia.org/wiki/Peak_oil
https://www.bpb.de/kurz-knapp/zahlen-und-fakten/globalisierung/52761/peak-oil/

3.6 Szenarien erstellen (S.180-182)

Klimaszenarien (S.182-183)

„Die Zukunft unseres Klimas kann niemand exakt voraussagen, denn niemand kann in die Zukunft sehen. Wenn man aber effiziente Gegenmaßnahmen und Anpassungsstrategien entwickeln will oder sogar muss, ist es wichtig, eine möglichst genaue Vorhersage über das zukünftige Klima zu erhalten."

Die Logik ist bestechend und einer Glaubensgemeinschaft durchaus würdig. Man weiß zwar nicht, was kommt, aber effiziente Gegenmaßnahmen *müssen* schon mal *entwickelt* werden. Es folgen Hinweise, wie ein Szenario erstellt wird, dann werden die Schüler angeheißen, erst im Plenum die wichtigsten Faktoren für ein Klimaszenario zu sammeln und dann in Kleingruppen *abzuschätzen, „wie sich die Einflussfaktoren in Zukunft entwickeln könnten"*.

Konkret: Mit rudimentären Kenntnissen sollen die Schüler sich stundenlang mit dem Thema beschäftigen, die psychologische Wirkung ist das Eigentliche, was hier beabsichtigt erscheint: Glaube. Die nächste Seite (183) zeigt schon mal die Erde im Jahre 2100: ein rot glühender Feuerball, vor allem auf der nördlichen Halbkugel, mit einem Anstieg am Nordpol von 8°C, in Europa und Asien zwischen 3 und 4°C.

3.7 Verlierer und Gewinner des Klimawandels (S.184)

„Die 3 200 Einwohner der Cateret-Inseln vor der Küste Neuguineas müssen ihre Heimat bereits verlassen. Der Meeresspiegelanstieg bedroht ihren Lebensraum. Zwar haben sie Mangrovenwälder gepflanzt und Wellenbrecher aus Muschelschalen errichtet, aber es war zu spät…

Die Cateret-Inseln sind kein Einzelfall. Zwei unbewohnte Inseln der Kiribati-Gruppe sind 1999 bereits im Meer versunken. Das Tawara-Atoll, auf dem ein Drittel der Einwohner Kiribatis lebt, wird bis 2050 zur Hälfte vom Meer überspült werden, da die Inseln nur zwei Meter über dem Meer liegen.“

Die Inseln, von denen hier die Rede ist, heißen korrekt Carteret-Inseln, benannt nach dem englischen Seefahrer Philip Carteret, der zwischen 1764 und 1766 zweimal die Welt umsegelte. Dass der Name zweimal falsch geschrieben wird, zeigt die Oberflächlichkeit der Recherche. Das ist jedoch nicht der eigentliche Skandal. Wikipedia schreibt:

„Seit November 2005 wurde weltweit darüber berichtet, dass die Carteret-Inseln in absehbarer Zeit unbewohnbar werden, es wurde geschätzt, dass sie 2015 komplett überflutet seien. Die Inselbewohner kämpfen seit mehr als 20 Jahren gegen den ansteigenden Ozean, sie bauten Deiche und pflanzten Mangroven, aber durch Stürme und Hochwasser werden ihre Häuser weggeschwemmt…

Mehrfach versprochene staatliche Umsiedlungsmaßnahmen wurden noch nicht umgesetzt… Die Ursache für die Überflutung der Inseln könnte die Zerstörung der Riffe, die die Carteret-Inseln umgeben, durch das Fischen mit Dynamit sein…

Als eine andere mögliche Ursache wird die Plattentektonik gesehen. Die Inseln liegen in einem der komplexesten tektonischen Gebiete der

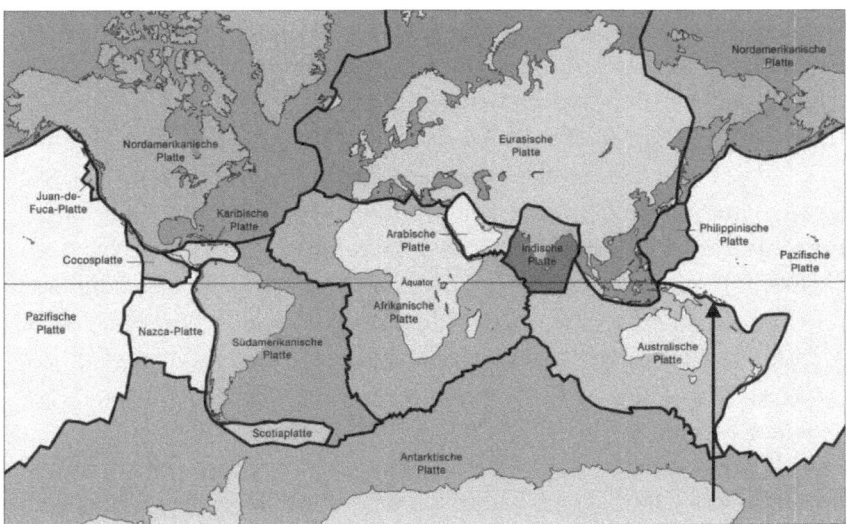

Die Erdplatten und die Lage der **Carteret-Inseln**

Welt. Hier stoßen in einer Subduktionszone entlang des Neupommern-Bougainville-Grabens die Pazifische Platte, die Australische Platte und die Süd-Bismarck-Platte aneinander, Teile der ozeanischen Platte werden nach unten gedrückt."[174] Hätten die Autoren ein wenig Grundkenntnisse von Geologie, würden sie wissen, dass die Erdplatten sich gegeneinander verschieben, sich auch mal die eine über die andere schiebt, damit aufsteigt und die andere herunterdrückt. Geschieht das im Ozean, kann eine Insel unter den Meeresspiegel gedrückt werden, wenn sie auf der falschen Platte liegt.

Die Panikaussage des Schulbuches, *dass die Einwohner die Insel bereits verlassen müssen*, haben die Autoren offenbar der Sensationspresse entnommen, Wikipedia berichtet (mit Datum 1.9.2021), die geplanten Umsiedlungsmaßnahmen seien noch nicht in Angriff genommen worden. Die englische Version der Wikipedia meldet gar, die finnische

---

[174] https://de.wikipedia.org/wiki/Carteret-Inseln. Die Karte ist der Wikipedia unter dem Stichwort Plattentektonik entnommen.

Botschaft in Canberra, die in das Hilfsprojekt eingebunden sei, habe 2017 mitgeteilt, dass trotz der Umsiedlungsbemühungen die Bevölkerung des Atolls sich praktisch verdoppelt habe.[175]

„Grönland ergrünt" heißt die Überschrift der Seite 185. Die Autoren sehen zwar keine Gefahr, dass die Insel dereinst vollständig eisfrei sein werde, halten aber fest, dass der Frühlingsbeginn um 14 Tage „nach vorne" geschoben sei. Ein Bezugszeitpunkt fehlt.

„Erste Landwirte beginnen bereits mit dem Kartoffelanbau, was bisher undenkbar war." Die Alternative für die Autoren bedeutet, dass *„sich Menschen und Tiere umstellen und anpassen müssen, und das eventuell sehr schnell - oder man muss den Klimawandel aufhalten."*

Diese Wahl sollte man doch den Grönländern überlassen, ob sie hinfort Kartoffeln aus dem Eigenanbau essen oder doch lieber den Klimawandel aufhalten wollen. Die Autoren verkneifen sich selbstredend jeden Hinweis darauf, dass Grönland deshalb Grünland heißt, weil die Wikinger die Insel als grüne Insel entdeckten. Sie kamen zum falschen Zeitpunkt: während der mittelalterlichen Warmzeit. Damals wurde sogar in Südengland Wein angebaut. Die recht häufigen Namen mit Vineyard (Vienyards of Sherborne, Nutbourne Vineyards usw) bezeugen das noch heute. Die dänische Wikipedia erwähnt für die Zeit der Entdeckung Grönlands Waldgebiete und Getreideanbau. Ganz allgemein empfiehlt es sich für den, der Wikipedia konsultiert, sich nicht auf die deutsche Version zu verlassen. *Deepl.com/translator* hilft beim Übersetzen, sogar bei der russischen Version.[176]

---

[175] https://en.wikipedia.org/wiki/Carteret_Islands: In 2017 the Finnish Embassy in Canberra, which is involved in an aid project, reported that despite the relocation efforts, there are more people than ever living at the atoll, and the atoll has practically doubled its population

[176] https://da.wikipedia.org/wiki/Gr%C3%B8nland#Norr%C3%B8n_bos%C3%A6ttelse

3.8 Was das Buch verschweigt

1. Die Temperatur- und CO_2-Kurven der Erdgeschichte zeigen in der Tat eine auffallende Korrelation. Beim Heranzoomen aus dem Jahrmil-

Vostok Eisbohrkern Daten
CO2- und Temperaturverlauf zwischen 250.000 und 200.000 vor unserer Zeit

Folie M 15

Jahre vor heute

(Quelle: Diagramm auf Basis der Vostok Originaldaten.)

lionen- in den Jahrtausendebereich zeigt sich allerdings, dass erst die Temperatur steigt, dann der CO_2-Gehalt der Luft. Wenn es einen Kausalzusammenhang gibt, dürfte er genau andersherum sein. Kaltes Wasser bindet CO_2, warmes gibt es ab. Bei höheren Temperaturen gasen die Meere aus, bei sinkenden binden sie CO_2. Der CO_2-Wert *folgt* der Erwärmung der Ozeane. Sehr gründlich nachgewiesen hat das Markus Fiedler, der sich intensiv mit den Vostok-Eiskernbohrungen in der Antartkis auseinandergesetzt hat.[177] Ob Fiedler richtig liegt oder nicht, ist hier nicht entscheidend, der Punkt ist, dass unseren Schülern dieser Erkläransatz vorgestellt werden *muss*, wenn wir sie mit Wissenschaft vertraut machen wollen und sie nicht einfach Autoritäten folgen sollen.

2. Das IPCC ist ein politisches Projekt, kein wissenschaftliches. Forschungsgelder gibt die Politik nur für die Bestätigung des anthropogenen Klimawandels, für die Gegenseite nicht. Hartmut Bachmann, ehemaliger CEO einer auf Klimafragen spezialisierten US-Firma, berichtet in einem interessanten Vortrag, wie der IPCC als politisches Projekt gegründet wurde, um Angst zu erzeugen und so einem neuen Geschäftsmodell eine vermeintlich wissenschaftliche Grundlage zu geben.[178]

3. Alle Klimamodelle sind Computersimulationen, es sind Szenarien und keine Prognosen. Die Ergebnisse dieser Szenarien hängen von den eingegebenen Parametern ab.

4. Die Wetterstationen sind höchst ungleich über die Erde verteilt. Auf den Ozeanen gibt es nur punktuelle Messungen von Schiffen, Afrika liefert sehr wenig Messreihen, auf der Antarktis gibt es zwölf. Die USA, China und Europa sind übersät, dort wurden in den letzten Jahren aus Kostengründen Stationen in ländlichen Gebieten geschlossen, in den Städten aber nicht. Das verschiebt die Ergebnisse in die warme Richtung.[179] In der Antarktis stehen zwölf Messstationen. Ivar Gjaever fragt, wie man für Deutschland mit zwölf Stationen eine Mitteltempe-

---

[177] https://markus-fiedler.de/2021/08/30/fair-talk-sendung-zum-klimawandel/ Diese Sendung ist ein Musterbeispiel für einen wissenschaftlichen Diskurs, der in unseren öffentlich-rechtlichen Medien nicht mehr vorstellbar ist. Die folgende Grafik ist den Folien dazu entnommen: https://markus-fiedler.de/wp-content/uploads/2021/09/fair-talk-02-klein.pdf

[178] https://www.anti-zensur.info/azk5/geburtklimaluege
[179] https://eike-klima-energie.eu/2012/05/06/wie-kann-man-eine-mittlere-globaltempe-ratur-ermitteln-was-die-statistik-verlangt-und-erlaubt/

ratur errechnen wolle. Die Fläche der Antarktis ist etwa 37 mal größer als Deutschland.

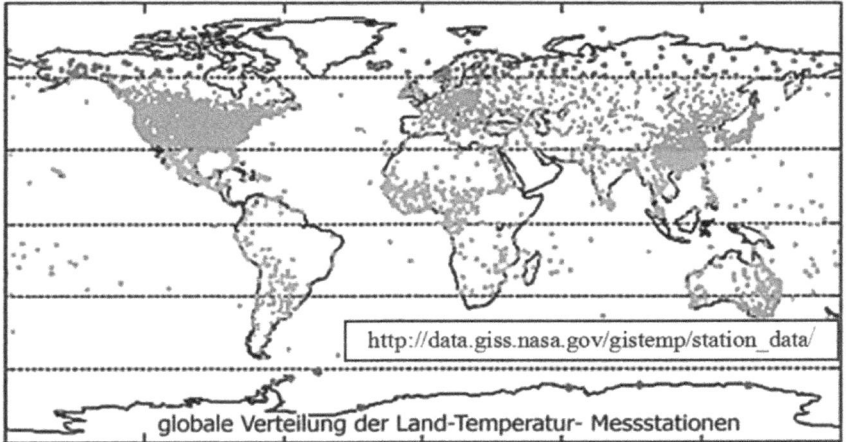

globale Verteilung der Land-Temperatur- Messstationen

5. Die durchschnittliche Temperatur der Welt wird für die letzten Jahre zwischen 14,5 und 14,8°C errechnet, auch von der NASA. Das ist noch unter dem für optimal gehaltenen Wert von 15°C und weit weg von den 22°C, die das Buch als „*Normalzustand unseres Planeten*" festgelegt hat. Seit etwa 2000 steigt die Temperatur nicht mehr, wohl aber das CO_2.

6. Der Einfluss der Sonnenzyklen spielt im Buch keine Rolle, er wird zwar erwähnt, aber durch Fragmentierung zum Verschwinden gebracht. Die Wissenschaftler von EIKE sehen in der Sonne den alles überragenden Faktor.

3.9 Fazit

Wer über Klimawandel redet, sollte sich mit der Geschichte des Klimas zumindest der letzten 2000 Jahre befasst haben. Die historische Perspektive rückt manche verbreitete Erkenntnis ins Abseits. Wolfgang Behringer, Professor für die Geschichte der frühen Neuzeit an der Universität des Saarlandes, hat eine instruktive Studie vorgelegt: *Kulturgeschichte des Klimas, von der Eiszeit bis zur globalen Erwärmung.* Er skizziert den engen Zusammenhang zwischen Wärmephasen des Klimas und kulturellen Hochblüten der Geschichte wie z.B. in der späten Römerzeit. Die Völkerwanderungszeit hingegen fiel in eine Kaltphase. Die Kultur des Hochmittelalters war wiederum von wärmeren Temperaturen begünstigt, Temperaturen, die wir heute noch nicht wieder erreicht haben.[180] Die Fixierung unserer staatlich finanzierten Klimawissenschaftler auf den Vergleichswert der vorindustriellen Verhältnisse um 1850 unterbindet die historische Perspektive und verzerrt das Bild dahingehend, als sei das Klima bis zur industriellen Revolution eine statische Größe gewesen. Gilt auch hier Upton Sinclairs[181] Wort, es sei schwierig, einen Mann von etwas zu überzeugen, wenn sein Gehalt davon abhänge, dass er es nicht versteht?

Bernie Lewin, ein australischer Umweltschützer, legte 2017 eine Studie zur frühen Geschichte des IPCC vor, in der er zeigte, wie die Wissenschaftler über die Finanzierung auf den menschengemachten Klimawandel eingeschworen wurden. [182]

---

[180] Wolfgang Behringer, Kulturgeschichte des Klimas. Von der Eiszeit bis zur globalen Erwärmung. München 2007. Die Bundeszentrale für politische Bildung hat das Buch in ihr Programm übernommen: Bonn 2007. Ob sie das heute noch täte, bleibt eine offene Frage.
[181] Upton Sinclair (1878-1968), US-Schriftsteller und Sozialist
[182] Deutsche Ausgabe: Bernie Lewin, wie die Wissenschaftler der Welt für den "Klimawandel" weichgeklopft wurden. Freiburg 2021

Interessant ist ein Blick in ein 10 Jahre älteres Erdkundebuch[183] von 2007. Die acht Kapitel beschäftigen sich mit den USA, Tansania, China, der Welt im 21. Jahrhundert, Hunger und Bildung, mit den Disparitäten in Europa und der Wirtschaft im Wandel. Das achte Kapitel präsentiert einen lexikalischen Anhang. Von Klimawandel keine Spur! Wasserarmut und Wasser als Machtmittel (in der Welt des 21. Jahrhunderts), ein interessantes Kapitel mit politischer Dimension, aber ohne Klimawandel, der Anhang hat eine Karte mit 86 Klimastationen weltweit und dazu eine Tabelle mit den monatlichen Temperaturen und Niederschlägen ohne Jahresangabe, ohne Klimawandel. Kein Klimawandel.

Das Buch Terra 3 will die Schüler bewusst nicht *umfassend informieren*, wie die Schulgesetze verlangen, sondern sie auf eine Klimapolitik der CO_2-Reduktion einschwören, die sie als Erwachsene zu finanzieren haben, ohne das Recht zu haben, die richtigen Fragen zu stellen. Als das Klima sich zwischen 1998 und 2012 vierzehn Jahre lang nicht mehr erwärmte, wurde in den Medien unter Berufung auf „die führenden Wissenschaftler" alles auf das Narrativ vom anthropogenen Klimawandel zugeschnitten: „Forscher erklären Pause der Erderwärmung."[184] Die „Unterbrechung" sei nur „scheinbar", die Erklärungen, warum die Vorhersagen der Klimamodelle nicht eintrafen, sind aus Weichholz gedrechselt.[185] Gleichzeitig bauen die Forscher schon mal vor und verkünden für weitere zehn Jahre eine „vorübergehende Unterbrechung".[186] Die Klimamodelle seien jedenfalls zuverlässig, sie „*machen keinen systematischen Fehler*", verkündet die Max-Planck-Gesellschaft.[187] Das Klima kann letztlich machen was es will, alles und sein

---

[183] Terra Erdkunde 9/10 Gymnasium Niedersachsen, Klett, Stuttgart-Leipzig 2007.

[184] https://www.spiegel.de/wissenschaft/natur/klimawandel-forscher-erklaeren-pause-der-erderwaermung-a-1145956.html

[185] https://www.n-tv.de/wissen/Scheinbare-Pause-bei-Erderwaermung-erklaert-article19820619.html

[186] https://www.focus.de/wissen/klima/macht-der-klimawandel-pause-erderwaermung_id_2345459.html

[187] https://www.mpg.de/8914929/klimawandel-erwaermungspause

Gegenteil deuten auf den anthropogenen Klimawandel hin. Da darf für *Fridays for Future* auch mal die Schule ausfallen.

3.10 Ein Schmankerl zum Schluss

Der Hamburger Bildungsserver, für den die Behörde für Schule und Berufsbildung der Stadt Hamburg verantwortlich zeichnet, präsentiert eine Grafik, nach der der Mensch schon seit 7.000 Jahren für die Erwärmung der Erde verantwortlich zeichnet. Man beachte nicht nur die enge Skalierung für CO_2 und Methan, sondern auch den jeweiligen *„natürlichen Trend"*, der im Falle von CO_2, das nur nebenbei, zum Aussterben vieler Pflanzen geführt hätte. Warum die Sonneneinstrahlung kontinuierlich dramatisch sinkt, erklärt der Bildungsserver nicht. Das ist der Hamelner Pfeifengesang für Fridays for Future.

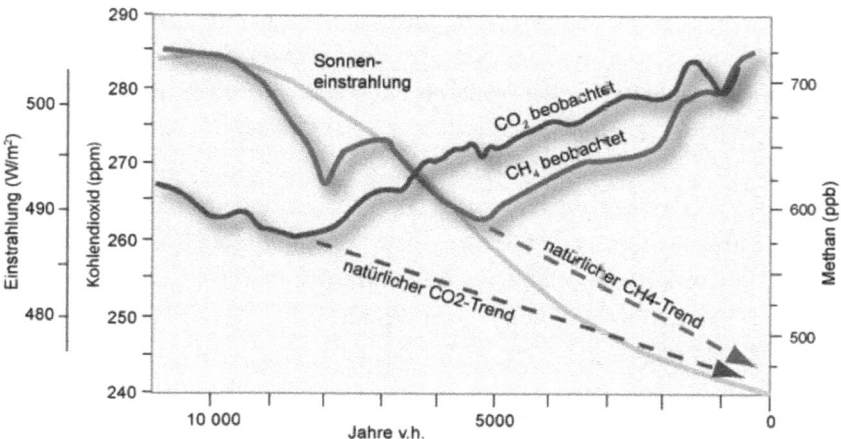

Man kann es aber auch positiv sehen. Hamburg hat nämlich laut einer Dokumentation der Wissenschaftlichen Dienste des Deutschen Bundestages in den Pisa-Studien 2019 in Sachen mathematischer und naturwissenschaftlicher Kompetenz mit 10 Punkten vor Bremen abgeschnitten, in letzterer gar auch einen Punkt besser als Brandenburg und landete auf dem 15. bzw. 14 Platz.[188] Nicht letzter, chapeau!

Der Begleittext zur Grafik aus Hamburg:

Abb. 1: Die beobachtete Entwicklung der Kohlendioxid- und Methan-Konzentration in den letzten 10 000 Jahren sowie der wahrscheinliche natürliche Trend ohne anthropogene CO_2 und CH_4-

Emissionen. Außerdem ist die Abnahme der Sonneneinstrahlung gezeigt.[3a]

3.a Eigene Darstellung nach Ruddiman, W. F. (2003): The anthropogenic greenhouse era began thousands of years ago. Climatic Change 61, 261–293; und Ruddiman, W.F. (2007): The early anthropogenic hypothesis: challenges and responses. Reviews of Geophysics 45:RG4001 https://bildungsserver.hamburg.de/klimageschichte/4883580/anthropozaen

---

[188] https://www.bundestag.de/resource/blob/627704/f375834972556b7b4d4324b-b2749187c/WD-8-020-19-pdf-data.pdf, Innerdeutscher Schulleistungsvergleich durch PISA-E und IQB-Bildungstrend
Seiten 5 und 9.

4. Politik

Auch der Politikunterricht ist den Schulgesetzen verpflichtet. Sie fordern die umfassende Information, damit sich die Schüler ein eigenes Urteil bilden können. Zu stets umkämpften Feldern verschiedene Standpunkte zu spiegeln, würde dieser Forderung nachkommen. Schauen wir uns ein Politikbuch an: *Mensch & Politik, Sekundarstufe I, Politik – Wirtschaft Niedersachsen 9./10. Schuljahr* aus dem Verlag der Westermann-Gruppe ist 2015 erschienen und bis 2025 zugelassen. Wir schauen wir uns drei Themengebiete an: Kapital und Arbeit, Lobbyismus und Medien.

4.1 Kapital und Arbeit

Die Überschrift des Kapitels heißt „„Zusammen arbeiten - zusammen leben im Betrieb". Das klingt doch schon mal recht freundlich.

Unsere Gesellschaft kennt zwei Quellen für Wohlstand und Reichtum, Kapital und Arbeit. Wer Kapital besitzt, sei es über Erbe, in Form von Aktien oder Eigentum an Produktionsmitteln wie Boden, Rohstoffen, Produktionsanlagen, bezieht ein leistungsloses Einkommen, das sich ständig vermehrt. Wer kein Kapital besitzt, muss mit seiner Arbeitskraft, mit den Händen oder dem Kopf, seinen Lebensunterhalt erwerben. Thomas Piketty zeigt in seinem großartigen Werk *Das Kapital im 21. Jahrhundert*[189], dass die Rendite beim Kapital seit Ende des 19. Jahrhunderts etwa bei 6% lag, während die Arbeitseinkommen stagnierten, die soziale Schere also kontinuierlich auseinanderging. Nach dem Zweiten Weltkrieg erlebten wir die historisch einmalige Situation, dass die Rendite sowohl bei Arbeit als auch bei Kapital bei etwa 6%

---

[189] Thomas Piketty, Das Kapital im 21. Jahrhundert. München 2014

lag. Ab den 70er Jahren aber ging die Schere wieder auseinander, beschleunigt nach dem Zusammenbruch des Ostblocks, um nach der Jahrtausendwende weiter an Fahrt aufzunehmen, über die Spreizung der Jahrhundertwende hinaus. Bei dem Thema Kapital und Arbeit geht es immer um Verteilungsfragen.

23% der Beschäftigten in Deutschland arbeiten im Niedriglohnsektor. Für einen Staat, der sich als Sozialstaat versteht, ein bedenklicher Befund.

Dieses gravierende gesellschaftliche Thema wagt das Schulbuch nicht beim Namen zu nennen. Es unterteilt die Arbeitsverhältnisse in „normale" und „atypische". Für normal hält es das „Normalarbeitsverhältnis" und den „Niedriglohnbereich". Unter „atypischen Arbeitsverhältnissen" versteht es die Teilzeitarbeit, das befristete Arbeitsverhältnis, die Leiharbeit, die geringfügige Beschäftigung, Minijobs und die Scheinselbständigkeit. Für das Schulbuch ist der Niedriglohnsektor also ein normales Arbeitsverhältnis, obwohl er vom Grunde aus als skandalös angesehen werden sollte.

Die Formen der „atypischen" Arbeit (so der euphemistische Begriff der Wirtschaftswissenschaft) werden sachlich beschrieben.

Material 3 zeigt eine Grafik zu den Beschäftigten *in Vollzeitarbeit und in atypischen Erwerbsformen*. Demnach waren 2013 21,5 Mio. in Vollzeit, 7,7 Mio. geringfügig beschäftigt, 7,5 Mio. in sozialversicherungspflichtiger Teilzeit, 4,7 Mio. in einem befristeten Arbeitsverhältnis und 0,9 Mio. in Leiharbeit. Der Niedriglohnsektor ist offensichtlich bei der Vollzeitarbeit mitgezählt.

Zusammengezählt waren bei 42,1 Mio. Beschäftigten insgesamt 20,8 Mio. in den vier Bereichen der atypischen Arbeit, das entspricht einem Anteil von 49,4%.

Die gesellschaftspolitischen Gründe aber werden nicht einmal angedeutet. Von der Agenda 2010 hören die Schüler bestenfalls am häuslichen Mittagstisch, im Schulbuch finden sie sie nicht. Stattdessen lesen sie dort die Leitfrage des Kapitels:

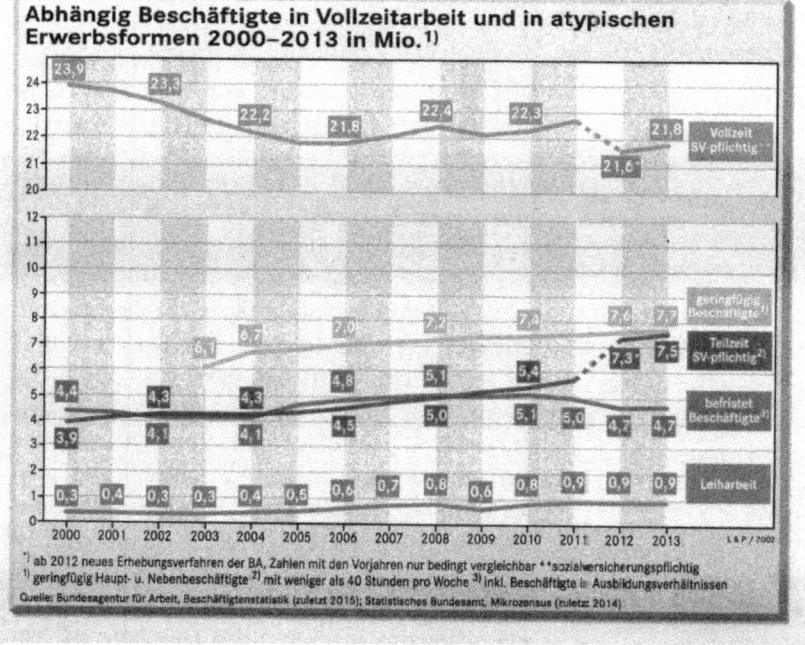

*„Sind die prekären Arbeitsverhältnisse Ausdruck moderner Selbst-
bestimmung oder eine Form der Verteilung knapper werdender Arbeit?"* [190]

Minijob, Befristung und Leiharbeit als Selbstbestimmung? Als Ausdruck knapper werdender Arbeit?

Wenn ich das richtig verstehe, sollen die Schüler der Frage nachgehen,
ob Beschäftigte im Niedriglohnsektor für ihre *moderne Selbstbestimmung* auf volle Beschäftigung bei reeller Bezahlung zu verzichten bereit sind. Offenzulegen, dass diese „atypischen" Arbeitsverhältnisse
politisch gestaltet sind, liegt nicht im Interesse der Verfasser.

---

[190] Mensch & Politik, S.48

Die Aufgabe 3 nimmt Bezug auf dieses Material 3, eine Beurteilung der Folgen für die Betroffenen und die Gesellschaft insgesamt. Sie ist sinnfrei, solange die Politik mit ihrer Agenda 2010 ausgeblendet bleibt und die Armuts- und Reichtumsberichte der Bundesregierung, die etwa alle vier Jahre erscheinen, keinerlei Erwähnung finden.

Material 5 stellt die „Work-Life-Balance" in einem Rhombus vor.[191] Oben der *Körper,* links und rechts der *Sinn (Erfüllung, Zukunftsfragen, Selbstverwirklichung)* und die *Leistung, Arbeit,* unten der *Kontakt.* Das sind die vier Bezugspunkte des Menschen, die Überschrift: „Leben und Arbeiten – eine Frage der Balance".

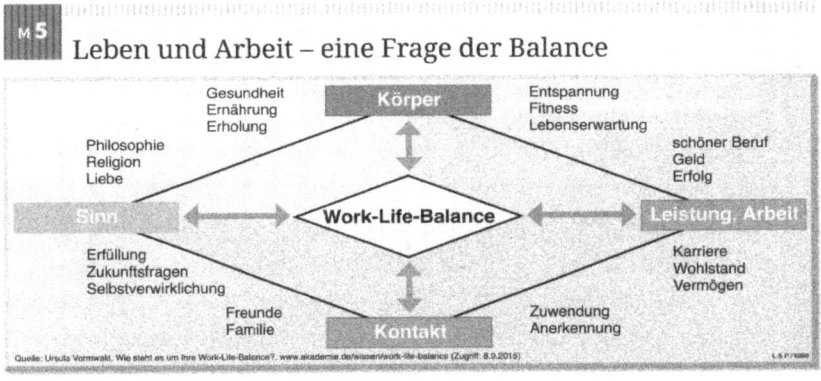

M5 Leben und Arbeit – eine Frage der Balance

Dem Schüler wird so nahegebracht, dass es noch andere Werte als einen guten Job mit angemessener Entlohnung gibt. Dies in Frage zu stellen, liegt mir fern, doch was hat diese Grafik bei dem Thema Arbeit und Kapital zu suchen? Da geht es immer um Verteilungsfragen, um eine angemessene oder unangemessene Beteiligung der Beschäftigten an den erzielten Gewinnen. Das blendet das Buch völlig aus.

---

[191] Mensch & Politik, S.42

Die Abschlussseite „Bist du fit?" fasst das zu Lernende kurz zusammen:

„in der Wirtschaft der Bundesrepublik sind verschiedene Formen von atypischen, z.T. prekären Arbeitsverhältnissen entstanden. Sie entsprechen dem Streben der Unternehmen nach Flexibilität und Rentabilität, aber auch den Lebensentwürfen mancher Arbeitnehmer."

Wunderbar! Flexibilität ist toll, sie zeigt geistige Wachheit. Und Rentabilität ist in der Wirtschaft Grundvoraussetzung für die Existenz, das sieht jeder Schüler ein. Rentabilität bedeutet aber bei kleinen Familienunternehmen etwas anderes als bei Großkonzernen. Die Investoren, Aktionäre, vor allem die mächtigen Kapitalsammelgesellschaften wie Black Rock, State Street oder Vanguard haben eine ganz andere Vorstellung von *Rentabilität*. Kundenzufriedenheit ist für den Mittelstand ein wesentlicher Faktor für langfristige Rentabilität, die Investmentunternehmen interessiert nur der aktuelle Profit.

Im übrigen liegt die Entwicklung der atypischen Arbeitsverhältnisse, so das Lernergebnis, auch im Interesse *mancher Arbeitnehmer*, die ihre *Lebensentwürfe* entsprechend ausgerichtet haben. Also alles gut.

Die Bundeszentrale für politische Bildung stellt fest: Zwischen 1991 und 2011 vervierfachte sich die Zahl der geringfügig Beschäftigten (plus 310,0 Prozent) und verdoppelte sich die Zahl der Teilzeitbeschäftigten (plus 96,7 Prozent). Im Bereich der befristeten Beschäftigung erhöhte sich die Zahl der Beschäftigten im selben Zeitraum um 57,4 Prozent. Zeitarbeit wird im Mikrozensus des Statistischen Bundesamtes erst seit 2006 erfasst – aber auch hier erhöhte sich die Zahl der Zeitarbeitnehmer in den wenigen Jahren bis 2011 um 37,9 Prozent.[192]

Stellung und Stärke der Gewerkschaften nehmen seit Jahrzehnten ab. Am Beispiel der Tarifrunde der IG Metall 2015 zeichnet das Buch das Bild einer selbstbewussten und erfolgreichen Arbeitervertretung, als sei das Kräfteverhältnis zwischen Arbeitgeber- und Arbeitnehmerseite in

---

[192] http://www.bpb.de/nachschlagen/zahlen-und-fakten/soziale-situation-in-deutschland/61708/atypische-beschaeftigung

144

der Balance.[193] Das geht nur bei Ausblendung der obigen Zahlen der Bundeszentrale für politische Bildung.

Wollte das Buch die Schüler wirklich informieren, müsste es das Auseinanderdriften der Gewinne bei Kapitaleinkommen und Lohneinkommen seit den 70er Jahren zum Thema machen. Dafür trägt die Politik über ihre Steuerpolitik, Arbeits- und Finanzmarktderegulierung einen Großteil der Verantwortung. Es müsste die Agenda 2010 vorstellen, die Übernahme einst staatlicher Aufgaben in private Hand und die Gewinner dieser Entwicklung benennen, z.B. im Rentenbereich oder der Gesundheitsindustrie. Ob auch die Betroffenen den Staat für die Erfüllung seiner Aufgabe, *„von Arbeitslosigkeit betroffene Menschen aufzufangen und ihnen bei der Wiedereingliederung ins Arbeitsleben zu helfen"*, so positiv beurteilen würden, sei dahingestellt. Die Schüler jedenfalls lernen: In unserem Staat ist alles gut.

4.2 Lobbyismus

Kapitel 4.5: Die Verbände – notwendige Akteure oder Störfaktor der Demokratie?

Der einführende Text spricht Pro und Contra an, ohne eine Tendenz vorzugeben, Material 1 zeichnet ein positives Bild mit dem Zitat eines nicht genannten *„Fachmanns"*:

> *„Es ist kaum denkbar, dass die Politik ohne die Mitarbeit der Lobbyisten auch nur ein einziges vernünftiges Gesetz zustande bringen würde, das hinterher praktikabel wäre. "*

Dieses Material 1 haben die Autoren formuliert *„nach: Informationen zur politischen Bildung. Heft 253: Interessenverbände"* (erschienen 1996) und geben Bernd Faulenbach als den ursprünglichen Autor an. Dessen Lebenslauf auf der Homepage der Ruhr-Universität Bochum

---

[193] Mensch & Politik, Material 5, S.54

vermerkt: Seit 1985 verschiedene Funktionen und Aufgaben im Grenz-
bereich von Wissenschaft und Politik.[194] Er war 2001-2009 Vorsitzender der SPD Bochum und der Historischen Kommission beim SPD-
Vorstand. Die dazugehörige Aufgabe fordert die Schüler auf

> herauszuarbeiten, *„warum die Verbände gemäß § 24 der Gemein-*
> *samen Geschäftsordnung der Bundesministerien (M 1, Z,7ff) an der*
> *Gesetzgebungsarbeit beteiligt werden können.“*

Das Buch legt also Wert darauf, dass die Schüler obiges Zitat *eines*
Fachmanns (Zeilen 11-13) genau beachten und internalisieren. „Her-
auszuarbeiten“ gibt es nichts, es bleibt den Schülern nur, die drei dürren
Zeilen zu wiederholen. Eine Indoktrinationsaufgabe [195]

Ich wiederhole, zwei Quellen des Wohlstandes gibt es, das Kapital und
die Arbeit. Wer Kapital hat, legt es an und bezieht leistungslose Ein-
künfte. Wer keines hat, muss arbeiten. Material 2 präsentiert die Logos
von 7 Verbänden, nur einer steht für die Kapitalseite, der Bundesverband der Deutschen Industrie, und dann sechs Logos von Verbänden,
die Arbeitnehmerinteressen oder soziale Belange vertreten: Arbeiter-
wohlfahrt, Ver.di, Bund für Umwelt und Naturschutz, dbb Beamten-
bund, Deutscher Mieterbund, Sozialverband Deutschland.[196]

---

[194] https://www.ruhr-uni-bochum.de/lehrstuhl-ng2/mitarbeiter/faulenbach.html
[195] Mensch & Politik, S.80-81
[196] Mensch & Politik, S.80-81

Die Aufgabe 2 fordert zu einer arbeitsteiligen Recherche zu genau diesen sieben Verbänden auf. Das ist in hohem Maße eine Manipulation des Gesamtbildes. Nach einer *arbeitsteiligen Recherche* müssen die sieben Arbeitsgruppen im Unterricht alle zu Wort kommen. Sechssiebtel des Unterrichts wird sich also mit der Arbeitnehmerseite beschäftigen. Und dann sollen die Schüler *„Einschätzungen" entwickeln „über die Macht (Durchsetzungsstärke) der jeweiligen Organisationen."* Unzureichend bis gar nicht informiert sollen die Schüler aus dem hohlen Bauch daherreden! Absurd!

Material 3 *„die Interessenverbände im Streit der Meinungen"* hält wieder die Waage zwischen Kritik und Gutheißung, doch das letzte Material 4 (ein Text von www.3sat.de zum Lobbyismus) will die Notwendigkeit von Lobbyismus in den Köpfen verankern:

„Außerdem sind die gewählten Bundestagsabgeordneten keine Experten und auf das Fachwissen von Interessenvertretern angewiesen. Lobbyisten übernehmen diese Aufgabe und fungieren als Berater."

Immerhin weist das Buch auf die Internetpräsenz zweier lobbykritischer Verbände und auf die Website des Bundestages hin, von der die Liste der akkreditierten Verbände abgerufen werden kann.

Ein Blick in die Lobbyliste des Deutschen Bundestages verdeutlicht die Dimension des Problems. Die amtliche Fassung der Lobbyliste mit Stand Mai 2018 weist 2333 Lobbyvertretungen auf.[197]
Die Agrarindustrie ist mit 29 Akkreditierungen dabei, die Landwirtschaft noch einmal mit 16, Die Apotheker haben 11, die Pharma- und

---

[197]https://www.bundestag.de/blob/189456/925cafb1b852 e9b692fba1d115b1ccd6/lobbylisteamtlich-data.pdf

Arzneibranche 28, die Ärzte 54, dazu 44 unter der Rubrik Medizin und die Sparte Gesundheit sogar 106.

Die Autobranche steht mit 15 Verbänden zu Buche, für Kraftfahrzeuge sind weitere 19 verzeichnet, die Banken haben 14, die Energiewirtschaft 48, nicht mitgerechnet die 5 für Erneuerbare Energien, für Belange der Frauen streiten 24 Organisationen, der Handel hat 85, die Versicherungswirtschaft 26, dazu kommen die Krankenkassen mit 7 Vertretungen, die Rechtsberufe haben 41, und der Tabak hat 11, die Zigarettenindustrie noch 3 weitere.

Zwei Beispiele. Für Investmentinteressen kämpfen 5 Verbände:
bsi Bundesverband Sachwerte und Investmentvermögen e.V.
Bundesverband alternative Investments e.V.
Bundesverband Investment und Asset Management e.V.
Europäische Investorenschutzvereinigung e.V.
Union Investment Stiftung

Im Gesundheitsbereich denkt man in Sachen Lobbyarbeit an die beiden großen Ärzteverbände Marburger Bund und Hartmannbund. Ein kleiner Auszug aus der Liste:
Bundesdirektorenkonferenz – Verband leitender Ärztinnen und Ärzte der Kliniken für Psychiatrie und Psychotherapie (BDK) e.V.
Bundeszahnärztekammer – Arbeitsgemeinschaft der Deutschen Zahnärztekammern e.V.
Bundesverband der Honorarärzte e.V.
Bundesverband der Pneumologen
Bundesverband hausärztlicher Internisten – BHI – e.V.
Deutscher Ärztinnenbund e.V.
Bundesverband niedergelassener Diabetologen e.V
Deutscher Hausärzteverband e.V.
Deutsche Gesellschaft für Gynäkologie und Geburtshilfe
Deutscher Facharztverband e.V.
Verband der leitenden Krankenhausärzte e.V.
Verband operativ tätiger Privatkliniken e.V.

Auf einen einzigen Abgeordneten kommen in Berlin 3,3 Lobbyverbän-
de. Sie arbeiten nicht für lau und nicht zum Spaß. Bei Themen der Gesundheitspolitik, Energiewirtschaft, Finanzpolitik, Außenhandel, Au-
tomobilbau muss sich jeder Abgeordnete mit einer Vielzahl von Interessenvertretern auseinandersetzen. Das will unser Buch aber nicht vermitteln. Aufgabe 4 ist angesichts des präsentierten Materials eine dreis-
te Überforderung: *„Erörtert den Vorwurf demokratiefeindlicher Manipulation durch Lobbyismus in M 4"*[198]. So geht die Strategie: Weit verbreitete Vorbehalte gegen den Lobbyismus werden aufgegriffen, dann
bekommen die Schüler Informationen vorgeworfen, mit deren Hilfe sie
sich von der Überzogenheit oder gar Haltlosigkeit dieser Kritik überzeugen sollen.

Wer das Thema Lobbyismus nicht verbindet mit den Themen Parteien-
finanzierung und Karrieremustern von Politikern, entzahnt den Tiger.
Ein paar Beispiele aus der Vergangenheit mögen einen Eindruck vermitteln. Alle Parteien sind betroffen.

Walter Riester, SPD
1998–2002 wirkt als Bundesminister für Arbeit und Sozialordnung fe-
derführend bei der Privatisierung der Rente. Von 2009-2012 wird er mit
einem Aufsichtsratsposten bei Union Investment belohnt. Union Investment ist der größte Anbieter der Riester-Rente.
Deren Vorstandsvorsitzender ist Hans-Joachim Reinke, er vertritt seine
Firmeninteressen als Vorstandsmitglied in der Lobbygruppe *BVI Bundesverband Investment und Asset Management e.V.*

Dirk Niebel, FDP
ist 2009 bis 2013 Bundesminister für wirtschaftliche Zusammenarbeit
und Entwicklung und gleichzeitig Mitglied des Bundessicherheitsrats,
der über Rüstungsexporte entscheidet. 2015 wird er Berater des Vor-
standes des Rüstungskonzerns Rheinmetall.

---

[198] M 4 ist das Material 4, siehe oben.

Eckart von Klaeden, CDU
1994 – 2013 Mitglied des Bundestages, wechselt 2013 in die Wirtschaft und wird Leiter der Abteilung Politik und Außenbeziehungen bei Daimler-Benz. Ein Ermittlungsverfahren wegen möglicher Vorteilsnahme stellt die Staatsanwaltschaft Berlin 2015 ein.

Cornelia Yzer, CSU
1994-1997 Staatssekretärin im Bundesministerium für Bildung, Wissenschaft, Forschung und Technologie, wechselt 1997 in die Wirtschaft, sie wird Hauptgeschäftsführerin des Verbandes forschender Arzneimittelhersteller.

Jörg Kukies, SPD
arbeitete seit 2000 für Goldman Sachs, erst in London, dann in Frankfurt, 2014 – 2018 war Leiter der Zweigstelle Frankfurt der Goldman Sachs International, wird im April 2018 beamteter Staatssekretär im Bundesfinanzministerium unter Olaf Scholz, zuständig für Europapolitik und – Finanzmarktregulierung! Nach der letzten Bundestagswahl ging er als beamteter Staatssekretär mit Olaf Scholz ins Bundeskanzleramt, dort ist er zuständig für Wirtschafts-, Finanz-, Europa- und Klimapolitik. Ein ehemaliger Goldman-Sachs-Mitarbeiter zeichnet umfassend verantwortlich für die Politik der Regierung.

Der bedeutendste Fall ist für mich **Heribert Zitzelsberger, SPD**.
(bemerkenswert: über ihn gibt es erst seit dem 23.10.2018 einen Wikipedia-Artikel!)
Zitzelsberger war Beamter im Bundesfinanzministerium, bevor er Leiter der Steuerabteilung der Bayer AG in Leverkusen wurde. Von da kehrte er 1999-2002 als beamteter Staatssekretär ins Bundesfinanzministerium unter Hans Eichel in die Politik zurück. Hier setzte er die Steuerbefreiung von Kapitalgesellschaften auf Gewinne beim Aktienverkauf oder ganzen Tochterunternehmen durch. Das bedeutet im Klartext ein Verzicht auf die Kapitalerwerbssteuer in diesem Bereich. Die Wirtschaftslobby hatte das noch gar nicht gefordert. Die Zeit berichtete

2005 davon unter dem Titel „Das größte Steuergeschenk aller Zeiten".[199]

Die Folge: Private-Equity-Fonds, die berüchtigten „Heuschrecken", konnten steuerfrei Unternehmen auf Kredit kaufen und Zins und Tilgung auf die erworbenen Unternehmen abladen, welche so zu Tode gewirtschaftet wurden. Grohe, Märklin und Woolworth sind bekannte Beispiele. Das Geld geht aus den Unternehmen in die Finanzbranche. Die Zeche zahlen die Unternehmen und deren Mitarbeiter. Eine wichtige Schraube der Finanzkrise 2008.

Joschka Fischer, Bündnis 90/Die Grünen, 1998-2005 Außenminister
Anfang 2006 hält Fischer zahlreiche Vorträge für Investmentbanken wie Barclays Capital und Goldman Sachs. 2007 gründet er die Beraterfirma *Joschka Fischer Consulting*. Er ist Gründungsmitglied und Vorstand des European Council on Foreign Relations, das von dem Milliardär und Mäzen George Soros mitfinanziert wird. 2008 bekam er einen Beratervertrag bei der The Albright Group LLC, einer Firma, die Madeleine Albright gehört. Albright, das zur Erinnerung, war von 1997 bis 2001 US-Außenministerin. Berühmt machte sie ihre Antwort auf die Frage von CBS News, ob die Sanktionen gegen den Irak in den 90er Jahren den Preis von 500.000 verstorbenen Kindern wert war:
I said this is a very hard choice. But the price, we think, the price is worth it.[200] Mit ihr zusammen beriet Joschka Fischer die Siemens AG in außenpolitischen Fragen. Fischer ist engstens vernetzt mit der US-amerikanischen Finanz- und Militärelite, in deren Interesse er mit dem Jugoslawienkrieg die Bundeswehr von einer Verteidigungs- zu einer Interventionsarmee gemacht hat. Seine Beziehungen in die USA nutzt er als Berater für RWE, OMV (Energiekonzern), BMW und die Rewe Group.

---

[199] https://www.zeit.de/2005/37/Steuern/komplettansicht
[200] https://www.youtube.com/watch?v=KP1OAD9jSaI

4.3 Fazit

Organisierte Interessenvertretung ist grundsätzlich richtig und notwendig. In einer Demokratie muss sie transparent und öffentlich organisiert sein. Sie findet hingegen stets hinter verschlossenen Türen statt, finanzstarke Interessen setzen sich fast immer durch, während allgemeinwohlorientierte kein Gehör finden. Geboten wären öffentliche Meetings, auf denen nicht nur Lobbyisten, sondern auch Vertreter anderer gesellschaftlichen Kräfte zu Wort kommen und die Politiker keinen persönlichen Vorteil aus ihren Entscheidungen ziehen können. Des Weiteren sollte Mandatsträgern für einige Jahre untersagt sein, in die Wirtschaft zu wechseln, um den Anreiz, im Sinne eines künftigen Arbeitgebers zu entscheiden, zu minimieren. Die dazu geltenden Regeln sind zugunsten der Interessen jener Politiker, die sie beschließen müssten, vollkommen unzureichend.

4.4 Medien

Die Medien – Diener der Demokratie? Wie jedes Kapitel beginnt auch dieses mit einer Frage, die Problembewusstsein suggeriert.

„Die Medien vermitteln den Menschen mithilfe von Text, Ton und Bild die Wirklichkeit. Ohne die Medien wüssten die Menschen nichts von den Dingen, die sich ihrer unmittelbaren Erfahrung entziehen".[201]

Noch naiver könnte das Buch nicht in das Thema einsteigen. Das wichtige und grundsätzliche Problem, dass Wirklichkeit immer ein Konstrukt ist, zumeist ein interessengeleitetes Konstrukt, können auch 16-Jährige verstehen, wenn es gut erklärt wird. Das Buch richtet sich an Gymnasialschüler, die später einmal den intellektuellen Teil der Bevöl-

---

[201] Mensch & Politik, S.82

kerung erweitern sollen. Doch nein, gleich die richtungweisende Einleitung kommt ihnen nur mit platten Parolen.

„In der freiheitlichen Demokratie sind die Medien frei. Sie entscheiden selbst, was sie veröffentlichen wollen, und haben auch das Recht, an Informationen zu gelangen. Es gibt ferner keine Zensur."

Das zarte Pflänzchen Problembewusstsein in den Köpfen der heranwachsenden Schüler wird beim ersten Keimen zertreten, die Indoktrination darf sie überfluten.

Kritisch geben sich die Autoren im Folgenden, sie nennen immanente Probleme der Medien beim Namen: Gatekeeeping, Agenda-Setting, Infotainment. Auch Aufgabe 5[202] S.83 (Vergleich zweier Zeitungen über einen längeren Zeitraum) verfolgt scheinbar einen kritischen Ansatz. Das Fach Politik ist mit zwei Stunden im Stundenplan, dazu kommen bis zu 32 weitere Unterrichtsstunden. Der Aufwand ist für die Schüler aus Zeitgründen schlicht nicht zu leisten, es ist eine reine Pseudoaufgabe.

Material 3 präsentiert einen Auszug aus dem niedersächsischen Pressegesetz von 2001. Zu § 3 (*„Die Presse erfüllt eine öffentliche Aufgabe, wenn sie in Angelegenheiten von öffentlichem Interesse Nachrichten beschafft und verbreitet, Stellung nimmt, Kritik übt oder auf andere Weise an der Meinungsbildung mitwirkt"*) heißt die Aufgabe:

„Überprüft eine Ausgabe eurer Regional- oder Lokalzeitung daraufhin, ob die Zeitung ihren Auftrag gemäß § 3 des Pressegesetzes erfüllt hat."

Auch hier haben wir wieder eine Pseudoaufgabe, die zu viel Weltverständnis voraussetzt, als dass die Schüler dazu in der Lage wären, über eine simple Bestätigung hinauszukommen.

---

[202] Mensch & Politik, S.82-83

Die Boulevardpresse vereinfache komplizierte Sachlagen, spitze sie gerne zu und verstehe sich als „Anwalt der kleinen Leute". Sie würden kritisch betrachtet:

> „Gefährden sie die Demokratie, weil sie die Probleme zu sehr vereinfachen und sie gefühlsmäßig aufladen? Oder verleihen sie legitimen Bedürfnissen Ausdruck?"

Und dann geht es um die BILD-Zeitung. Sie erzähle nicht langweilig, ergreife Partei. Habe Macht. Ein nicht genannter Rentner beruft sich auf Helmut Schmidt, der sie auch gelesen habe. Sie biete ausreichend Informationen für Tagesgespräche, kurze Artikel mit zahlreichen Fakten, spreche den Leuten aus der Seele.[203]

Machen wir es kurz: Unseren Schülern wird die Bildzeitung als einzige des deutschen Blätterwaldes zur Lektüre empfohlen. Unseren Gymnasialschülern!

Der Pressekodex des Deutschen Presserates darf nicht fehlen, ein Auszug füllt bald eine Dreiviertelseite, erläutert ihn an drei Beispielen, drei Bagatellen, einmal ein tatsächlich auch gerügter Artikel des NEUEN BLATTES über Helene Fischer, einmal die tatsächlich gerügte Beschimpfung der Leipziger Volkszeitung einer Demonstration von NPD und Antifa als *braunen und roten Abschaum*, und zuletzt eine Rüge gegen die BILD-Zeitung wegen Verletzung der Persönlichkeitsrechte durch Abbildungen zu einem Messerstechervorfall, auf denen das blutüberströmte Opfer zu sehen war.

Jetzt wissen die Schüler Bescheid: Wenn die Presse über die Stränge schlägt, gibt es Kritik aus dem System, im Ganzen ist unsere Presse okay und informiert uns korrekt.[204]

An dieser Art der Themenbehandlung fällt auf, dass die eigentlichen Probleme verschwiegen werden:

Fernsehen und öffentlich-rechtlicher Rundfunk bleiben außen vor. Dazu gäbe es aber einiges zu sagen.

---

[203] Mensch & Politik, S.84
[204] Mensch & Politik, S.86-87

Friedhelm Klinkhammer und Volker Bräutigam, beide ehemalige *NDR*-Angestellte, kritisieren, dass potenzielle Intendanten der öffentlichen Rundfunkanstalten eine besondere Nähe zu Parteien aufweisen müssten. Parteiferne Kandidaten hätten kaum Chancen. Diese Kritik wird unterstützt durch Fälle von Intendanten und Chefredakteuren, die abgesägt wurden, weil sie sich gegenüber den beiden großen Parteien kritisch äußerten. Ein prominentes Beispiel ist der ehemalige *ZDF*-Chefredakteur Nikolaus Brender, dessen Vertrag im Jahr 2009 nicht verlängert wurde, weil er vielen der damaligen Landesfürsten der Unionsparteien durch seine kritische Berichterstattung auf die Nerven ging.

In ihrem Buch *Die Macht um Acht* referieren Klinkhammer und Bräutigam eine ganze Serie von Programmbeschwerden, die einseitige, verzerrende oder verfälschende Berichte aufs Korn nehmen. Alle Beschwerden wurden abgewiesen.[205]

Die öffentlich-rechtlichen Rundfunkanstalten werden von Rundfunkräten kontrolliert. Eigentlich müssen sie so zusammengesetzt sein, dass die gesellschaftlich relevanten Gruppen in ihnen vertreten sind und so ein Querschnitt der Bevölkerung erfasst wird. Die Realität der Rundfunkräte weicht jedoch gravierend von diesem Ideal ab. Direkte und indirekte Parteienvertreter üben eine beherrschende Rolle aus.

Offiziell sind Parteien zu rund 30 Prozent vertreten. Doch über die Sitze anderer Organisationen steigt dieser Prozentsatz auf bis zu 50 Prozent. So ist etwa Roswitha Müller-Piepenkötter, Ersatzvertreterin des Weißen Rings im *WDR*-Rundfunkrat, ehemalige NRW-Staatsministerin und Vorstandsmitglied in einem CDU-Ortsverband. Vielfach ändern neue Regierungen die Zusammensetzung der Rundfunkräte, um eine möglichst positive Berichterstattung zu ermöglichen.

Dann geht es zu den „*Neuen Medien - verbessern sich Information und Kommunikation?*" Eine Doppelseite beschäftigt sich mit dem Informa-

---

[205] Uli Gellermann, Friedhelm Klinkhammer, Volker Bräutigam, Die Macht um Acht. Der Faktor Tagesschau. Köln 2017

tionsverhalten Jugendlicher.[206] Sie lesen keine Zeitung mehr, sondern gehen ins Netz. Der Tenor im Schulbuch ist, dass sie sich viel weniger politisch informieren. Damit scheint die Frage der Überschrift beantwortet. Der Grüne Volker Beck forderte 2011 in der FAZ, Internetzugang müsse ein Menschenrecht werden. Twitter verändere die Kommunikation dahingehend, dass die Top-Down-Kommunikation durch einen Dialog ersetzt werde.[207] Eine Abbildung unterstützt diese These: Oben sind die Politiker und Parteien, unten die Bürger und Wähler, zwischen ihnen drei Kästchen, die Interaktion und Dialog herstellen: Soziale Netzwerke (Facebook), Blogging und Mikroblogging (Twitter) und Video-Feeds (YouTube). Zu diesen Materialien sollen die 15-16-jährigen Schüler erörtern,

„ob es die Demokratie revolutionieren würde, wenn der Netzzugang ein Menschenrecht wäre."

Eine Indoktrinationsaufgabe erster Güte. Vollkommen ausgeblendet wird die inzwischen massive Kritik an der einheitlichen Berichterstattung der sogenannten Leitmedien ARD, ZDF, Spiegel, Süddeutsche, FAZ usw., die m.E. ein wichtiger Grund für den Rückgang ihrer Zuschauer- und Auflagenzahlen ist. Viele ehemalige Leser wandern zu den alternativen Medien ab. Dort finden sie eine Vielzahl sehr kompetenter Informationsmöglichkeiten. Diese werden vom Mainstream ignoriert oder massiv bekämpft.[208] Die Standardvorwürfe sind *fake news, Populismus, Verschwörungstheoretiker, rechtsradikal, rassistisch*, und wenn alles nichts mehr hilft, kommt der von Rainer Mausfeld als das nukleare Argument bezeichnete Vorwurf des *Antisemitismus*.

Auf den Nachdenkseiten finden sich gut recherchierte und ausführliche Artikel beispielsweise zur Skripal-Affäre mit englischsprachigen Quellen, die der Mainstream verschweigt, neuere Forschungen zu 9/11, die Finanzspekulationen in der Woche vor den Anschlägen offenlegen,

---

[206] Mensch & Politik, S.88-89
[207] Mensch & Politik, Material 4, S.89
[208] Die FAZ z.B. bezieht sich immer wieder auf Beiträge des Spiegel, der Zeit, der Süddeutschen, der ARD und des ZDF, nie aber auf ein alternatives Medium.

oder Gründe für die Wahl Donald Trumps einerseits und für den massiven Gegenwind andererseits, den er in Politik und Medien der USA und Deutschlands bekommt. Die Lesedauer liegt allerdings meist zwischen 15 und 30 Minuten. Wer informiert sein will, kann heute nicht mehr warten, was die Mainstreammedien an ihn herantragen, sondern muss Fragen stellen und die Antworten im Netz suchen. Er wird fündig werden und sehr schnell erkennen, welche Informationen zu einem Thema der Mainstream unterdrückt. Auch die alternativen Medien kennen die Wahrheit nicht. Der besondere Mehrwert liegt darin, dass sie keine reichen Eigentümer haben, die Autoren gut recherchieren und ihre persönliche Überzeugung zu Papier bringen. Mit einem Wort: sie sind authentisch.

Wenn unser Schulbuch diesen neuen Medienbereich nicht einmal andeutet, trägt es zur politischen Dummhaltung unserer Schüler bei.

Die Wiederholseite „Bist du fit?" fasst zusammen.[209] Die Medien hätten drei *wichtige Funktionen*, erstens die *Informations-*, zweitens die *Meinungs-* und drittens die *Kritik- und Kontrollfunktion*. Nein, die Schüler sind nicht fit, sie sind dümmer geworden.

4.5 Zwei aufklärende Darstellungen zu den Medien

Die Darstellung des Themas Medien im Buch ignoriert die wissenschaftliche Forschung und verlegt sich auf das normative Ideal. Jenes als die Wirklichkeit zu verkaufen, ist reine Propaganda.

Der Soziologe Niklas Luhmann (1927-1998) beschrieb als zentrale Aufgabe der Leitmedien, ein kollektives Gedächtnis zu schaffen, ohne das keine Gesellschaft auskomme. Worüber sie berichten, das werde in

---

[209] Mensch & Politik, S.90

den Rathäusern, Chefetagen, Universitäten und Staatskanzleien rezipiert und könne bei jedem Gesprächspartner als bekannt vorausgesetzt werden. Der Wahrheitsgehalt spiele überhaupt keine Rolle. Sie hätten Definitionsmacht, könnten Themen gewichten oder ausblenden je nach Interessenlage der kontrollierenden Mächte. Nur wenn die Eliten sich einmal nicht einig seien, dann spiegele sich das in den Kontroversen der Medien. Ist das den Schulbuchautoren nicht bekannt?

Die Zeiten, in denen die Medien mit eigenen und unabhängigen Profilen auf den Markt gingen, sind lange vorbei. Die Gründe könnte – auch für Schüler! – das Fünf-Filter-Modell von Chomsky und Herman erklären.[210] Der erste Filter sind die Eigentümer. Hatte um 1900 fast jede Großstadt eine Arbeiterzeitung, ein liberales und ein konservatives Blatt mit je eigenem Profil, so haben wir heute eine Landschaft, in der wenige Medienkonzerne viele Zeitungen einer Region besitzen. Der mit Abstand größte ist Bertelsmann mit einem Umsatz von 17,7 Mrd. € (2018) und in allen Sparten aktiv: TV (16 Kanäle), Online, Radio (15 Sender) und Print (ca. 40 Zeitungen und Zeitschriften). Die Verlagsgruppe Georg von Holtzbrinck (3,2 Mrd. € 2018), Axel Springer SE (3,1 Mrd. € 2019), Hubert Burda Media (2,9 Mrd. € 2018), Bauer Media Group (2,2 Mrd. € 2018) und die Funke Mediengruppe (2,1 Mrd. € 2018) kommen da nicht mit, sind aber – wie Bertelsmann - zum Teil international tätig. Madsack aus Hannover hält 15 Zeitungen vor allem in Niedersachsen und Thüringen. Paul Sethe, einer der Gründungsherausgeber der Frankfurter Allgemeinen Zeitung, schrieb 1965 in einem Leserbrief an den Spiegel, *Pressefreiheit* sei *die Freiheit von zweihundert reichen Leuten, ihre Meinung zu verbreiten.* Peter Scholl-Latour reduzierte die Zahl 2013 auf vier bis fünf Verleger.[211] In unseren Nach-

---

[210] Edward S. Herman, Noam Chomsky, Manufacturing Consent. The Political Economy of the Mass Media. New York 1988, ²2002. Eine inhaltliche Zusammenfassung bietet ein Interview mit Herman: https://archive.ph/20120728220436/http://www.chomsky.info/onchomsky/198901--.htm

[211] https://www.youtube.com/watch?v=CIIxG2DsODQ. Instruktiv zum Thema der Artikel im Rubikon: https://www.rubikon.news/ artikel/zur-pressefreiheit-gehort-auch-die-freiheit-zur-kritik-an-der-presse

barländern ist die Lage anders, aber nicht besser. Frankreich hat zwei
führende Zeitungen, Le Figaro und Le Monde. Le Figaro ist 2004 vom
Flugzeugbauer Dassault gekauft worden. Das Unternehmen baut unter
anderem Militärjets. Das sollte der Leser wissen, wenn er im Figaro
einen Artikel zu Auslandseinsätzen der französischen Luftwaffe liest.
Le Monde war bis 2010 mehrheitlich in der Hand der Angestellten und
Mitarbeiter. Dann übernahmen drei Privatpersonen, inzwischen ist Ser-
ge Daniel Křetínský, eingestiegen, ein tschechischer Milliardär, der
seine Geschäfte im Energie- und Logistikbereich macht. In Deutschland übernahm er 2016 die Braunkohleindustrie von Vattenfall, die
Welt titelte: „Tschechischer Milliardär wettet gegen die Energiewen-
de".[212] Auch das sollte ein Leser wissen, wenn er in Le Monde einen
Artikel zur Energiepolitik liest. Würden wir den Schülern die alte
Weisheit *follow the money* beibringen wollen, das Thema Medien
könnte gute Beispiele liefern.

Der zweite Filter sind nach Herman und Chomsky die Einnahmequel-
len, vor allem Werbeanzeigen. Zugespitzt sagen die beiden, die Leser
seien nicht die Kunden der Presse, sondern deren Produkt, das an die
Werbetreibenden verkauft wird. Die Artikel seien die Füller, ausgerichtet auf den gebildeten Leser, der von der Gesellschaftsordnung profitiert. Zwangsläufig seien die Gewerkschaftszeitungen vom Markt verschwunden. Chomsky und Herman beschreiben die US-amerikanischen
Verhältnisse. Sie gehen den Verhältnissen in Europa meist ein paar Jahre voraus.

Der dritte Filter seien die Nachrichtenquellen. Die drei wichtigsten sind
die großen Nachrichtenagenturen Associated Press, New York (4000
Mitarbeiter), Reuters, London (2500 Mitarbeiter) und Agence France
Press, Paris (2400 Mitarbeiter). Sie wiederum werden von Regierungs-
organisationen und PR-Abteilungen der Industrie gefüttert. Das Penta-

---

[212] https://www.welt.de/wirtschaft/article158468256/Tschechischer-Milliardaer-wettet-
gegen-die-Energiewende.html

gon hat für PR 27.000 Mitarbeiter. Die Deutsche Presse-Agentur (dpa) in Hamburg spielt mit seinen 673 Mitarbeitern keine Rolle, sie bezieht ihre Artikel im Wesentlichen von den drei Großen. Dass sie in den Ländern der drei westlichen Siegermächte des Zweiten Weltkriegs beheimatet sind, ist purer Zufall. Die russische Tass, (Telegrafnoe Agentstvo Sovetskogo Sojuza), Xinhua News Agency aus China und Farsnews aus dem Iran haben nicht den geringsten Einfluss auf das, was unsere Zeitungen schreiben, an einer alternativen, nichtwestlichen Sicht sind unsere Medien nicht interessiert. Dann gibt es noch die zahllosen Kommunikationsabteilungen der Industrie und die Presse- und Informationsämter der Regierungen und Behörden. Hier gibt es für angehende Medienschaffende sichere Stellen und gute Gehälter, während die Zeitungen dramatisch Stellen abbauen und viel Journalisten als „feste Freie" in prekäre Arbeitsverhältnisse drücken.

Den vierten Filter nennen Herman/Chomsky die Flak, das Sperrfeuer. Das deutsche Wort Flak (Flugabwehrkanone) kommt hier zu Ehren! Chomsky und Herman meinen damit, dass, wenn es doch mal ein unerwünschter Artikel in die Medien geschafft hat, Anrufe, Drohungen und gegebenenfalls Klagen den verantwortlichen Journalisten zurück in die Linie holen. Heute würden sie vermutlich auch die sogenannten Faktenchecker zur Flak zählen. Auch sie bieten Jobs für Journalisten, die es sich erlauben, gestandene Fachleute aus dem eigenen Halb- oder Viertelwissen heraus zu zerlegen, wenn sie politisch Unerwünschtes publiziert haben. Auch hier: Wer beispielsweise schaut, von wo *correctiv* sein Geld bezieht, stößt auf die Bundeszentrale für Politische Bildung, auf das Auswärtige Amt, die Open Society Foundations, Deutsche Telekom, Rudolf Augstein Stiftung, Hans-Böckler-Stiftung usw. *Follow the money*!

Als fünfter Filter wirkt die Kontrastideologie: Gut und Böse sind eindeutig verteilt. Der Antikommunismus spielt eine große Rolle, der Krieg gegen den Terror, die Fokussierung auf den Klimawandel.

Wer tiefer in das Thema einsteigen will, dem sei das Buch *Die Propa-gandamatrix* von Michael Meyen empfohlen. Dieses war den Autoren des Schulbuches noch nicht bekannt, es erschien 2021, sechs Jahre später.

Meyen erkennt vier Problemfelder, die er Arenen nennt. Die erste ist die Diskursordnung, die unser Denken und Handeln einzäunt, bei-spielsweise der Glaube an Fortschritt und Wissenschaft, Markt und Wettbewerb, die zweite nennt er Medienlogik, damit meint er den Im-perativ der Aufmerksamkeit, das Heischen nach Sensationen und Emo-tionen, die dritte die Medialisierung, die von allen und jedem verlangt, in den Medien gut dazustehen und die Öffentlichkeitsarbeit von Unter-nehmen und Behörden gigantisch aufgeblasen hat, und die vierte Arena ist bei ihm das journalistische Feld. Damit meint er, dass der Journa-lismus seinen Nachwuchs aus der Mittelschicht rekrutiere, der auf An-passung und Akzeptanz der Herrschaftsverhältnisse gepolt sei. Die Re-daktionen der Leitmedien seien weiß, akademisch gebildet, urban, sehr deutsch und zumindest an der Spitze männlich und wohlhabend. Sie gingen in die gleichen Cafés, lebten in den gleichen Vierteln, kämen von den gleichen Universitäten wie die Entscheider in Politik, Justiz, Wirtschaft und Kultur. Die Ähnlichkeit von sozialer Position und Habi-tus werde nicht selten zu echter Nähe.[213]

Die tiefe Krise der Printmedien mit dramatischen Auflagen- und Reichweitenverlusten wird im Schulbuch nicht sichtbar, damit erübri-gen sich kritische Fragen nach den Gründen.

---

[213] Michael Meyen, Die Propagandamatrix. Der Kampf für freie Medien entscheidet über unsere Zukunft. München 2021.

4.6 Fazit

Unser Schulbuch vermittelt den Schülern bestenfalls ein normatives Bild, nicht die realen wirtschaftlich-politischen Verhältnisse. Damit verbirgt es die wahren Interessen, Machtstrukturen und Entwicklungen und präsentiert eine Form der Indoktrination im Interesse des Kapitals. Politikstunden, die mit den Materialien dieses Buches gestaltet werden, dienen der Desinformation und sind Zeitverschwendung. Das Argument, die von mir genannten Themen seien für 15-16-jährige nicht altersgerecht, lasse ich nicht gelten. Auch diese Themen können didaktisch reduziert werden. Es ist eine politische Entscheidung, ob wir das normative Ideal als Wirklichkeit darstellen und kritiklos vermitteln oder aber im Interesse der Entwicklung der Demokratie grundsätzliche Probleme, z.B. die Macht des Geldes ansprechen.

Schlussbetrachtung

Unser Schulsystem ist krank. Wir haben gesehen, wie die hier besprochenen Schulbücher nicht mehr zum Diskurs anleiten wollen, sondern Wissenschaft als eindeutig darstellen. Sie verkünden eine bestimmte Meinung als Wahrheit, die keine ist. Das Problem liegt freilich viel tiefer, es liegt in der ökonomischen und intellektuellen Entwicklung des Westens in den letzten 30 Jahren. Die Schulbücher sind wie die öffentlich-rechtlichen Rundfunkanstalten und die Printmedien nur Ausdruck dieser Entwicklung. Wir verabschieden uns vom kritischen Ansatz der Aufklärung, wir ersetzen die Religion durch Pseudoreligionen und folgen zunehmend im Gleichschritt den medialen und politischen Frontmännern, pardon: Frontpersonen (m/w/d).

Die Verlage an dieser Entwicklung in Schulbüchern verantwortlich zu machen, ist zu wohlfeil. Sie sind von der Politik abhängig, weil sie ihre Schulbücher erfolgreich im staatlichen Schulsystem vermarkten müssen. Zwangsläufig haben sie aktuelle Tendenzen der Politik zu unterstützen. Das kann prinzipiell auch gut und richtig sein, nehmen wir das Beispiel Geschlechtergerechtigkeit. Ein Schulbuch ohne das Herausstreichen des Themas Frau dürfte eine Ewigkeit auf die Zulassung warten. Aber auch da können die Grenzen zum Ridiculösen schnell erreicht sein. Da gibt es ein Lateinbuch, das das klassische Thema *Hannibal und Scipio* in ein Klassenzimmer verlegt. Krieg und Sterben sind elegant eliminiert. Im Gespräch zwischen Lehrer und Schülern fragt nach der Hälfte der Lektion ein Eifriger plötzlich, ob Scipio auch Frau und Kinder gehabt habe. Der zweite Teil des Textes startet durch mit einem Hohelied auf Cornelia, dem klassischen Fall der Mutter, die sich um alles kümmert. Hannibal, Elefanten, Krieg? Nicht mehr wichtig beim Thema *Hannibal und Scipio*. Ob das ein gelungenes Aufgreifen des Themas ist, mag jeder anders entscheiden. Keine Darstellung der Französischen Revolution verzichtet mehr darauf, Olympe de Gouges und ihre *Erklärung der Rechte der Frau und Bürgerin* von 1791 zu erwähnen. Die monumentalen Darstellungen der Französischen Revolution von Albert Soboul, Denis Richet und François Furet erwähnen sie nicht. Entweder war sie nicht bedeutend genug, oder die Herren Historiker ignorierten die Frauen zu sehr. Ein Mathematikbuch bindet die Frau beim Thema Parabeln ein. Zwei Kurven zur Entwicklung des Weltrekordes im Sprint bei Männern und Frauen nähern sich an, die Schüler sollen den Zeitpunkt berechnen, wann die Kurven sich schneiden und die Frauen schneller laufen werden als die Männer. Den Mathematikern gelingt es offenbar noch, das Thema ironisch zu nehmen, und die genehmigenden Bürokraten winken durch, weil sie nicht genau gelesen oder nicht verstanden haben. Das Thema Frau ist bedient, alles ist gut.

Das Problem liegt im Bildungssystem selbst. Es beginnt in den Universitäten. Als Student bekam ich mit, dass die Begriffe *Gesellschaft* und *Gemeinschaft* nicht identisch sind. Den Unterschied zwischen ihnen hatte ich zwar nicht begriffen, hatte aber gelernt, dass *Gesellschaft* gut, *Gemeinschaft* schlecht war. Ich erklärte mir das mit dem Begriff der Volksgemeinschaft. Das ist aber falsch. Christian Graf von Krockow erklärt den Unterschied.[214] Im Kaiserreich hätten die deutschen Intellektuellen, vor allem Universitätsprofessoren wie der große Soziologe Ferdinand Tönnies in seinem Werk *Gemeinschaft und Gesellschaft*, die Begriffe definiert. Arm und Reich gebe es immer In einer *Gemeinschaft* arbeiteten trotz aller Gegensätze zwischen Arm und Reich alle organisch zusammen, die Reichen würden für die Armen sorgen wie die Teile des Körpers in der altrömischen Sage von Menenius Agrippa. Beispiele sind die Arbeitersiedlungen, die Krupp, Thyssen und Stinnes für ihre Leute gebaut hatten. Auch die Bismarcksche Sozialgesetzgebung sei ein Ausdruck dieser Harmonie zwischen den herrschenden Reichen und den gehorchenden Armen. In einer *Gesellschaft*, wie es sie in den westlichen Demokratien gebe, stünden Arm und Reich hingegen trotz aller Gemeinsamkeiten in Sprache, Kultur und Tradition gegen-

---

[214] Christian Graf von Krockow, Die Deutschen in ihrem Jahrhundert. Rowohlt 1990

einander, die Arbeiter müssten über Gewerkschaften in mühseligen Kämpfen ihre Rechte erstreiten.

Thomas Mann stellt in seinen *Betrachtungen eines Unpolitischen* deutsche und westliche Werte gegenüber: *Der Unterschied von Geist und Politik enthält den von Kultur und Zivilisation, von Seele und Gesellschaft, von Freiheit und Stimmrecht, von Kunst und Literatur; und Deutschtum, das ist Kultur, Seele, Freiheit und **nicht** Zivilisation, Gesellschaft, Stimmrecht, Literatur.*

Den deutschen *Geist* hält er für *kosmopolitisch*, die westliche *Politik* für *international*.

Dieser Text klingt in unseren Ohren heute abgefahren, vor allem der Gegensatz von Freiheit und Stimmrecht. Nun, die Krupp-Arbeiter hatten die Zeit, Samstag auf Schalke oder Rot-Weiß Essen zu gehen, während die Arbeiter in Manchester vor dem Fabriktor in den nächsten Streik treten mussten.[215]

Nach dem Zweiten Weltkrieg sind Begriffe wie Gemeinschaft und Seele aus dem Politischen verschwunden. Von den westlichen Siegern übernahmen wir auch die Begrifflichkeit. Das ist in der Geschichte immer wieder so gewesen und eigentlich nicht der Erwähnung wert. Es erklärt aber noch nicht die Verengung des Debattenraums, die die Universitäten doch in ihrem Selbstverständnis zutiefst verletzen müsste. Michael Meyen geht diesem Problem nach. In einem Interview fragte er Stefan Homburg, wie sich Wissenschaft habe zur Religion entwickeln können. Stefan Homburg ist Professor für Volkswirtschaftslehre und war von 1997 bis 2021 Leiter des Instituts für Öffentliche Finanzen der Leibniz Universität Hannover. Seine Antwort zeigt den Kern des Problems auf humoristische Art:

Wenn ich die Wahl hätte zwischen einer Regierung aus fünf Professoren, die ich nicht kenne, und fünf Handwerkern, die ich nicht kenne, ich würde auf jeden Fall die Handwerker nehmen, weil, es gibt in unserem Beruf zu viele exaltierte Leute, zu viele, die einfach anfällig sind für Ideologien, und die auch im Grunde lebensunfähig sind und richtige

---

[215] Thomas Mann, Betrachtungen eines Unpolitischen. Frankfurt 1983, S.31

*Probleme nicht gebacken bekommen. Handwerker sind viel realisti-
scher, und deshalb ist es auch kein Zufall, dass bei der Normalbevölke-
rung die Angst vor Corona viel geringer ist als bei den hochmögenden
Akademikern von Universitäten bis hin zu Gerichten und Ministerien.*

...

*Der prinzipielle Unterschied ist, wenn wir einen selbstständigen Instal-
lateurmeister oder Elektromeister nehmen, der lebt von Geld, das er
jeden Tag am Markt neu verdienen muss. Als Wissenschaftler muss man
es nur einmal geschafft haben, man muss ein Hit gehabt haben, norma-
lerweise so mit Mitte bis Ende dreißig, dass man es geschafft hat, auf
eine Professur auf Lebenszeit berufen zu werden.*[216]

Der Nachwuchs für die Lehrerschaft kommt aus diesen Hochschulen.
Es scheint, als würden schon sie in ihrer Ausbildung nicht mehr lernen,
die richtigen Fragen zu stellen. Ohne Anleitung werden aber Kinder
und Jugendliche nur schwer dazu kommen.

Die Politik für alles in die Verantwortung zu nehmen, greift ebenfalls
zu kurz. Die jüngere Generation der Politiker hat eben dieses Bildungssystem durchlaufen, sie ist in ihren Karrieren, in ihrer ganzen wirtschaftlichen und gesellschaftlichen Existenz von den Parteien abhängig. Nein, es ist ein tiefgreifenderes gesellschaftliches Problem, das wir
nur gemeinsam lösen können. Dazu müssen wir unsere Lebenslügen
erkennen, die uns der Neoliberalismus erfolgreich eingeimpft hat. Rainer Mausfeld hat sie in etlichen Vorträgen aufgedeckt, das braucht hier
nicht wiederholt zu werden.[217]

---

[216] https://apolut.net/im-gespraech-stefan-homburg/ ab Minute 48:35
[217] Videos bei Youtube von Vorträgen z.B.: https://www.youtube.com/results?sear-
ch_query=rainer+mausfeld
https://www.youtube.com/watch?v=dBPUGRnzcdo
https://www.youtube.com/watch?v=yTzP_eWdNxY
https://www.youtube.com/watch?v=EmqWNjEhVt0
https://www.youtube.com/watch?v=mXnJGTg-amI

Offenbar ist unser Bildungssystem in den Sog eines Strudels geraten, gegen den anzukämpfen schwer ist. Dass viele Eltern ihre Kinder in Privatschulprojekten ihre Kinder dem staatlichen Schulzwang entziehen, ist ein deutliches Zeichen. Ansonsten bleibt nur, zu Boden zu tauchen, um dem Strudel praktisch von unten zu entkommen. Dann aber muss klar sein, welcher Weg in eine bessere Welt führt und wohin die Reise gehen soll. Und die kann nur lauten, dass die Lehrer und Pädagogen den Freiraum bekommen, den sie brauchen, und die staatliche Schulverwaltung sich aus der inhaltlichen Gestaltung zurückzieht. Für das Bildungssystem würde ein Entwicklungsprozess in Gang gesetzt, der den Freiraum schafft, eigene Weltsichten kritisch zu hinterfragen und Diskurse produktiv zu gestalten. Ohne Konformitätsdruck könnte eine intellektuell offene Schulkultur entstehen, die den Mut hat, Fragen zu stellen. Dann sind wir wieder bei der Freiheit des Geistes, die Voraussetzung ist für echte Wissenschaft. Positiv ausgedrückt: Wir müssen endlich die programmatischen Aussagen unserer Schulgesetze wieder ernst nehmen. Sie sind um Klassen besser als unsere Schulbücher und unsere Schulpolitik. Dieses Buch soll ein kleiner Anstoß dazu sein.

Ebenfalls im Anderwelt Verlag erschienen:

Londoner Außenpolitik & Adolf Hitler
Autor: Reinhard Leube

England war mit dem Aufstieg kontinentaleuropäischer Länder zu Wirtschaftsmächten und Konkurrenten am Ende des 19. Jahrhunderts nicht untergegangen. Dabei standen die Sterne für das Empire nicht günstig. Der Anteil der Insel am Welthandel war über Jahrzehnte immer weiter gesunken, sie verfügte perspektivisch nicht selbst über genug Rohstoffe für ihre eigene Wirtschaft, auch nicht über hinreichend viele Einwohner, um den ökonomischen Aufstieg anderer Länder mit Hilfe von Feldzügen zu beenden.

Wie lässt es sich erklären, dass binnen 50 Jahren die erfolgreiche Entwicklung großer Reiche in Kriegen und Diktaturen versandete und England auch ohne materielle Grundlage noch der Global Player ist wie vor hundert Jahren?

ISBN 978-3-940321-19-0   **€25,00 (D)**

Atemberaubend
Autor: Reinhard Leube

Was haben die Menschen in Deutschland wohl gefühlt und erlebt in den Jahren 1933 bis 1937? Waren alle glühende Nationalsozialisten oder begann mit den Nazis eine Diktatur? Hätte es tatsächlich eine braune Mehrheit gegeben, dann wäre das eine Demokratie gewesen und man hätte die Gestapo und Ähnliches nicht gebraucht. Wie hat aber das Ausland auf den neuen Kanzler Adolf Hitler reagiert? Wieso war die Chefetage in London von ihm eigentlich so begeistert?

Das vorliegende chronologisch aufgebaute Werk vermittelt dem Publikum einen Eindruck von dieser Zeit, der eine Gänsehaut erzeugt. Ganz anders als die unzähligen Dokus, die nur blitzlichtartig Ausschnitte zeigen, fühlt man sich plötzlich in die Hitlerzeit in allen Zusammenhängen versetzt und erhält einen ganz neuen Eindruck. Wer wirklich nachempfinden will, mit welchem atemberaubendem Tempo die Entwicklungen damals vorangeschritten sind, welche unterschiedlichen Reaktionen sie hervorgerufen haben und welche giftigen Witze die Runde machten, der kommt an diesem Werk nicht vorbei.

ISBN 978-3-940321-20-6   **€25,00 (D)**

Septemberrevolution
Autor: Reinhard Leube

Kann sein, dass die Berufshistoriker ihr Wissen bloß in verschämten Nebensätzen und in ihren Fußnoten unterbringen. In der Geschichte dritter Teil Septemberrevolution kommt alles auf den Tisch, was inzwischen über das Jahr 1938 bekannt geworden ist, zeitlich geordnet und packend erzählt.

Nach weniger als sechs Jahren konnte der kleine Hitler, der mit dem Geld aus England und Amerika in Berlin an die Macht kam, von der Bühne wieder verschwunden sein und sein Drittes Reich nicht mehr als eine üble Panne in der Geschichte Deutschlands. Monate vor den Pogromen gegen die Juden vom November 1938 und ein Jahr, bevor ein zweiter Weltkrieg begann, konnte Hitler durch einen Aufstand in seinem Dritten Reich weggeputscht sein. In diesem Buch erleben Sie noch einmal live mit, wie genau das verhindert wurde.

ISBN 978-3-940321-23-7 €25,00 (D)

God Save the Fuehrer
Autor: Reinhard Leube

England war mit dem Aufstieg kontinentaleuropäischer Länder zu Wirtschaftsmächten und Konkurrenten am Ende des 19. Jahrhunderts nicht untergegangen. Dabei standen die Sterne für das Empire nicht günstig. Der Anteil der Insel am Welthandel war über Jahrzehnte immer weiter gesunken, sie verfügte perspektivisch nicht selbst über genug Rohstoffe für ihre eigene Wirtschaft, auch nicht über hinreichend viele Einwohner, um den ökonomischen Aufstieg anderer Länder mit Hilfe von Feldzügen zu beenden.

Wie lässt es sich erklären, dass binnen 50 Jahren die erfolgreiche Entwicklung großer Reiche in Kriegen und Diktaturen versandete und England auch ohne materielle Grundlage noch der Global Player ist wie vor hundert Jahren?

ISBN: 978-3-940321-25-1 €25,00 (D)

Katz-und-Maus-Spiele
Autor: Reinhard Leube

Im Prinzip kennen Sie die Geschichte. Irgendwann gab es einen ersten Weltkrieg und später einen zweiten. Warum ein neues Buch darüber? Und weshalb ist es denn letzten Endes gleich eine Serie geworden? Es gibt sie, die vielen Wahrheiten, die vielen Quellen, die vielen Details. Gewöhnlich entscheiden sich Historiker dafür, die Fragmente zu liefern, die ihre These „belegen". Doch wo bleibt der Rest? Andere Wahrheiten landen in anderen Büchern und dort war auf einmal alles ganz anders.

Das Appeasement war kein Fehler. Es war die Pflege und Wartung des Selbstzerstörungsmechanismus im Inneren Deutschlands, der den Namen Adolf Hitler trug und glaubte, er verdanke die Erfolge, die er wundersam erzielen durfte, im vollen Ernst der Vorsehung.

ISBN: 978-3-940321-26-8   **€25,00 (D)**

Nicht noch einen Friedensvertrag
Autor: Reinhard Leube

Wer im Jahr 2021 lebt, vermisst vielleicht seinen Friedensvertrag. Dieses Buch bringt Sie in die hoffnungslose Wirklichkeit der Jahre des Zweiten Weltkrieges, etwa zwei Jahrzehnte nach den Verträgen von Saint-Germain, Trianon, Sèvres und Versailles, die dem Ersten Weltkrieg folgten.

Wer heute lebt, weiß nichts mehr von der britischen Hungerblockade, vom millionenfachen Sterben nach dem Ersten Weltkrieg und von der Inflation in den 1920er Jahren. Kommen Sie einfach mit in die Welt der Jahre 1942 und 1943. Sie werden nie wieder schwarzsehen. Der Autor liefert hier die Atmosphäre, in der unter vielen anderen Deutschen auch jene Politiker, Diplomaten, Militärs und nicht zuletzt auch Journalisten und Publizisten lebten, bei denen Reinhard Leube davon ausgeht, dass sie Deutschland nach dem Zweiten Weltkrieg in seine Einzelteile zerlegt haben.

Der Indizienbeweis folgt im Buch über 1989/1990 Entzaubert. Kohl und Genscher, diese beiden.

ISBN: 978-3-940321-28-2   **€23,50 (D)**

Entzaubert – Kohl und Genscher, diese beiden.
Autor: Reinhard Leube

War Deutschland nicht das erste Opfer des Kalten Krieges geworden? Wurde es nicht im Jahr 1945 von den vier Alliierten besetzt und geteilt? Hatte ein Deutscher nach dem Kriege in der Welt überhaupt noch etwas zu melden?

Sahen Hitler-Gegner die Lösung aller Probleme in der Aufteilung Deutschlands? Ist die Idee aus den 1930er Jahren der Ursprung des postnationalen Denkens? Fangen wir vorn an. Wie kam es denn zum Kalten Krieg? Die einen sagen, Churchill hätte den Ärger in die Welt gebracht. Aber diese Briten wollten die Operation Unthinkable: Nachdem Deutschland eingeäschert war, sollten britische gemeinsam mit den überlebenden deutschen Soldaten gleich noch einmal nach Osten marschieren und die Sowjetunion, oder besser gesagt Russland für das Empire erobern. Eine Teilung Europas war die zweitbeste Wahl, allein schon aus dem Grund, weil bei einer Fortsetzung dieser Entwicklung der freie Markt in Osteuropa wegfiel. Die anderen sagen, Stalin hätte den ganzen Ärger in die Welt gesetzt. Aber Stalin hat unendlich viele Revolutionäre aus dem Weg räumen lassen, die durchaus in ihren Ländern für die Weltrevolution kämpfen wollten...

ISBN: 978-3-940321-31-2   €26,00 (D)

Ende und Anfang
Autor: Reinhard Leube

Der neue Band dieser Serie steigt mit seinem Publikum in das zehnte Jahr ein und verfolgt die wichtigen Ereignisse nach der Niederlage von Stalingrad sowie Stimmungen

in der Bevölkerung Monat für Monat weiter. Auf diesem Wege begegnen Sie unter anderem weiteren Versuchen, Hitlers Herrschaft mit der Kombination aus Attentat und Staatsstreich zu verkürzen. Es bleibt spannend: Sie kennen nur den Ausgang der Geschichte, aber hier erfahren Sie viel Wissenswertes über den Weg dorthin. Wussten Sie beispielsweise, dass die Hälfte der britischen Bomben im Krieg nicht auf Hitler-Deutschland niedergingen? In welchen Ländern haben sie Städte in Schutt und Asche verwandelt? Wie haben Generäle der Wehrmacht die Invasion auf dem Kontinent begünstigt, um Deutschland oder die übriggebliebenen Reste vor der endgültigen Zerstörung zu bewahren?

Noch überraschender ist der Ursprung des Kalten Kriegs nach dem Zweiten Weltkrieg, der sich noch vor dem ruhmlosen Abgang Adolf Hitlers von der großen Bühne abzeichnete und in erster Linie von deutschen Akteuren ausging...

ISBN: 978-3-940321-03-9   €24,90 (D)

Ist Deutschland ein souveräner Staat?
Autor: Wolfgang Schimank

Der NSA-Skandal im Jahre 2013 führte den Deutschen vor Augen, dass sowohl ihre individuelle als auch die staatliche Souveränität nicht gewährleistet sind.

Bei dem zu dieser Zeit geführten Bundestagswahlkampf wurde das massenhafte Ausspionieren der Bürger nicht thematisiert. Als am Wahlabend im September 2013 CDU und CSU ihren Sieg feierten, bekam Angela Merkel eine kleine deutsche Fahne gereicht. Diese entsorgte sie mit verzerrtem Gesicht.

In jedem anderen Land wäre damit die Karriere eines Politikers beendet gewesen. Ihr Amtseid, alles zum Wohle des deutschen Volkes zu tun, erwies sich als Farce ...

ISBN: 978-3-940321-18-3   **€ 24.00 (D)**

England, die Deutschen, die Juden und das 20. Jahrhundert
Autor: Peter Haisenko

Kriege werden aus zwei Gründen begonnen: Wirtschaft und Religion. In der Neuzeit ist es oftmals nicht zu übersehen, dass der Kampf ums Öl der wahre Grund für Kriege ist. Die Betrachtungen von Peter Haisenko zeigen, dass es bereits vor mehr als 100 Jahren nicht anders war. Die unerträglichen Zustände in Palästina und im Irak haben ihren Ursprung in der skrupellosen Durchsetzung wirtschaftlicher Interessen zu Beginn und im Verlauf des 20. Jahrhunderts.

Politisch orchestrierte Lügen und Intrigen sind keine Erfindung der Neuzeit. Mit diesem Buch gehen Sie auf eine Reise durch das 20. Jahrhundert und die Analyse wirtschaftlich-politischer Verknüpfungen lässt manche „geschichtliche Wahrheit" zweifelhaft erscheinen.

ISBN: 978-3-940321-03-9   **€24,90 (D)**

Tripoli Charlie
Autor: Florian Stumfall

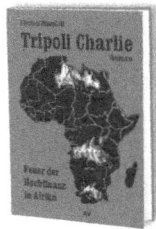

Florian Stumfall war im Bürgerkrieg in Mozambique, in Angola, im Hauptquartier der UNITA in Jamba, er war zu Gast bei Regierungen... Drei Ereignisse hat er in diesem Buch zu einer auf Tatsachen beruhenden Romanhandlung verarbeitet, deren wahrer Kern sich ganz erheblich von dem unterscheidet, was uns die Medien darüber erzählt haben. Stumfall schildert, wie und mit welchem Deal Nelson Mandela in Südafrika von der US-Hochfinanz an die Macht gebracht wurde und wie der Energiekonzern SASOL in Mozambique wegen eines Gasfeldes einen Bürgerkrieg angezettelt hat. Er berichtet vom Krieg in Angola und beschreibt die Rolle, die das weltweite Oppenheimer Diamanten-Monopol gespielt hat, als Jonas Savimbi, der Anführer der antikolonialen UNITA, vom Westen fallen gelassen wurde. Schließlich deckt er auf Basis ihm zugespielter Dokumente die Hintergründe für den 2011 geführten Krieg gegen Gaddafi in Libyen auf.

ISBN: 978-3-940321-22-0   **€ 24.30 (D)**

Die Humane Marktwirtschaft
Autoren: Peter Haisenko / Hubert von Brunn

Wer echte Demokratie will, muss als wichtigste Voraussetzung ein Finanz- und Wirtschaftssystem fordern, das die Macht des Kapitals bricht, der „wundersamen Geldvermehrung" durch Zins und Zinseszins ein Ende setzt und Korruption weitgehend unmöglich macht. *Die Humane Marktwirtschaft* wird das leisten, und nicht nur das. Sie wird den Menschen Freiheit schenken in bisher nicht gekanntem Ausmaß; ein Leben frei von Lohnsteuer und Inflation und damit eine zuverlässig planbare Zukunft.

Um das zu erreichen, bedarf es keiner blutigen Revolution, sondern lediglich der Rückbesinnung auf die Grundsätze des Humanismus – und deren konsequente Umsetzung.

ISBN: 978-3-940321-13-8   **€15,00 (D)**

Das gesamte Angebot des Anderwelt Verlages finden Sie unter:

www.anderweltverlag.com

Besuchen Sie auch unser Online-Portal für kritischen Journalismus
und Meinungsbildung unter:

www.anderweltonline.com